T5-ACX-811

# ¿EXISTE LA FELICIDAD?

TOÑO FRAGUAS

# ¿EXISTE LA FELICIDAD?

Del *running* al *sofathlón*:
cómo escapar del negocio de la
felicidad para alcanzar el bienestar

PLAZA [?] JANÉS

El papel utilizado para la impresión de este libro ha sido fabricado a partir de madera procedente de bosques y plantaciones gestionadas con los más altos estándares ambientales, garantizando una explotación de los recursos sostenible con el medio ambiente y beneficiosa para las personas. Por este motivo, Greenpeace acredita que este libro cumple los requisitos ambientales y sociales necesarios para ser considerado un libro «amigo de los bosques». El proyecto «Libros amigos de los bosques» promueve la conservación y el uso sostenible de los bosques, en especial de los Bosques Primarios, los últimos bosques vírgenes del planeta.

Primera edición: octubre, 2015

© 2015, Toño Fraguas
© 2015, Penguin Random House Grupo Editorial, S. A. U.
Travessera de Gràcia, 47-49. 08021 Barcelona

© 2015, Toño Fraguas, por las ilustraciones interiores
Las imágenes interiores son cortesía del autor excepto: p. 65 *Maratón* de Luc-Olivier Merson (1869) proporcionada por Wikimedia Commons: https://commons.wikimedia.org/wiki/File:Phidippides.jpg; p. 90 retrato de Henry David Thoreau (1861) proporcionada por Wikimedia Commons: https://commons.wikimedia.org/wiki/File:Henry_David_Thoreau_-_Dunshee_ambrotpe_1861.jpg y p. 94 Gráfica de evolución demográfica de San Felices (Soria) extraída del Instituto Nacional de Estadística y proporcionada por Wikipedia: https://es.wikipedia.org/wiki/San_Felices_(Soria)

Penguin Random House Grupo Editorial apoya la protección del *copyright*.
El *copyright* estimula la creatividad, defiende la diversidad en el ámbito de las ideas y el conocimiento, promueve la libre expresión y favorece una cultura viva. Gracias por comprar una edición autorizada de este libro y por respetar las leyes del *copyright* al no reproducir, escanear ni distribuir ninguna parte de esta obra por ningún medio sin permiso. Al hacerlo está respaldando a los autores y permitiendo que PRHGE continúe publicando libros para todos los lectores.
Diríjase a CEDRO (Centro Español de Derechos Reprográficos, http://www.cedro.org) si necesita fotocopiar o escanear algún fragmento de esta obra.

Printed in Spain – Impreso en España

ISBN: 978-84-01-01542-7
Depósito legal: B. 18.735-2015

Compuesto en Anglofort, S. A.

Impreso en Liberdúplex
Sant Llorenç d'Hortons (Barcelona)

L 0 1 5 4 2 7

Penguin
Random House
Grupo Editorial

*A los que lo intentan*

# Índice

Preámbulo. (O lo que va antes de echarse a andar). 11
Así suena la felicidad . . . . . . . . . . . . . . . . . . . . . . 17

1. El harakiri en tres sencillos pasos.
   (O el inexistente camino de la felicidad) . . . . . .  21
2. Filósofos griegos en una TED Conference.
   (Los vendemotos). . . . . . . . . . . . . . . . . . . . . . . .  41
3. El *runnig*, esa droga de la felicidad. (De la cinta
   del gimnasio a la rueda del hámster) . . . . . . . . .  59
4. Un neojipi llamado fray Luis de León.
   (O de lo complicadísima que es una vida
   sencilla) . . . . . . . . . . . . . . . . . . . . . . . . . . . . . . . .  79
5. Mochileros y aventureros, estáis perdidos.
   (O dicho de otra manera: ¿hace falta huir?). . . .  97
6. Leche sin leche, hamburguesas sin carne
   y la diosa quinoa. (¿Es comestible la felicidad?) . 117
7. Yoga, pilates... cuerpos, mentes y *mindfulness*.
   (Hacia la felicidad por la flexibilidad) . . . . . . . . 135

8. Hacer cosas con estas manitas.
   (¿Se puede «fabricar» la felicidad?) . . . . . . . . . .  155
9. Bueno, pero si a él le ayuda...
   (Sugestión, autoengaño y el colmo: síndrome
   de Estocolmo) . . . . . . . . . . . . . . . . . . . . . . . . . . .  173

La Ecuación de la Felicidad.
   (Un epílogo erótico-festivo) . . . . . . . . . . . . . . . .  189

Bibliografía . . . . . . . . . . . . . . . . . . . . . . . . . . . . .  205

# Preámbulo

(O lo que va antes de echarse a andar)

Felicidad = Fertilidad + Felación. Ésta es la Ecuación de la Felicidad, tal cual. Porque etimológicamente «felicidad» tiene la misma raíz que «fertilidad» y «felación». ¿Casualidad? No lo creo... Me explico: desde pequeños nos enseñan que la felicidad está en *consumir cosas, comprarlas, poseerlas y acumularlas*. Pero si existe algo parecido a la felicidad, creo que está más bien en el segundo término de la ecuación: *ser fértiles*, o sea, en *crear y hacer* cosas (niños, libros, muñecas fofucha, casi lo que sea). ¿Y la *felación* qué pinta aquí? Pues es un concepto que sirve para aludir al bienestar subjetivo, que es el otro gran ingrediente de eso que llamamos felicidad... y vaya: ¡es un gran concepto! (ojo, quien dice felación, dice cunnilingus, romper con las uñas esas burbujas de los plásticos de embalar, o cualquier otra práctica que nos proporcione bienestar físico). Ésta es, en resumidas cuentas, toda la tesis que inspira este libro. Ya está. Si no quieres seguir leyendo, ciérralo y déjalo en la mesa de novedades o en el estante de autoayuda. No gastes tu dinero en él (aunque a lo mejor sí quieres saber por qué *saboteo* mi propio libro...).

Me saboteo a mí mismo precisamente porque lo que me mueve a escribir es el hecho de que la felicidad se haya convertido en un negocio. En las siguientes páginas, además de explicar con más detalle qué es eso de la felicidad, me propongo desenmascarar a los charlatanes, gurús y demás «vendemotos» que se están forrando a costa de nuestra frustración, nuestra baja autoestima y nuestra insatisfacción crónica. Nos han inoculado el ansia de ser felices, o de parecerlo. Ya no distinguimos demasiado bien entre una cosa y la otra.

Decir que uno es feliz está de moda, es *trendy*. También está de moda dar morcilla a los demás enseñando en las redes sociales lo *felices* que somos. Cada día en el móvil y en el correo electrónico recibimos fotos de gatos, perritos y bebés con frases célebres, pensamientos profundos del tipo: «Si quieres ser feliz piensa por ti mismo. Es una orden», todo ello con tipografías *hipster*. «¡A por el lunes con ilusión!», dicen una legión de descerebrados en twitter a las seis de la mañana. Los conferenciantes *fashion* (ésos de micro a lo Madonna y presentaciones en PowerPoint que ya las quisiera Spielberg) son los nuevos vendedores de la religión de la felicidad. Ha llegado el *felicismo* y cada vez gana más adeptos. Nos dicen que hay que ser optimistas y los adalides de la llamada psicología positiva arrasan en las listas de libros más vendidos...

Pero ¿existe la felicidad? Muy bien podría ser como esos otros grandes términos (Dios, Amor, Salud...) que todo el mundo maneja a la ligera pero que en realidad nadie sabe muy bien qué significan o cómo explicarlos. Tampoco estoy seguro de que sepan la respuesta a esa pregunta los que viven de enseñar a los demás a ser felices. Reconozco que siempre he creído más en nuestra capacidad para *estar alegres* que en la de *ser felices*. Pero soy de los pocos, porque cuando el Centro de Investigaciones Sociólogicas (CIS) pregunta a los españoles si son felices, los que dicen que sí son una abrumadora mayoría (el 88,1 % en el último barómetro publicado, cuando escribo esto, en febrero de 2015). Lo cual me lleva a pensar que, o bien no sabemos qué es ser feliz *de verdad,* o que nos conformamos con muy poco, o que nos da vergüenza reconocer que no somos felices.

Porque queremos *estar a la moda* de la felicidad. Y por eso nos lanzamos a consumir el último grito en este negocio: infinidad de métodos, cursos, ejercicios, alimentos y técnicas para ser felices. Hoy será muy *trendy* lo de hacer *running,* practicar el *mindfulness* o comer quinoa, pero ser feliz no es una moda y, por tanto, en realidad no hay nada nuevo. La humanidad lleva toda su existencia preguntándose qué es la felicidad e inventando métodos para alcanzarla. Si ya lo hubiéramos averiguado, si se pudiera conseguir ser feliz simplemente siguiendo tal método o tal dieta, hace tiempo que la felicidad habría dejado de ser un negocio.

Este libro está lleno de conceptos y palabras que antes o después quedarán obsoletos, pero quiero pensar que su intención principal perdurará algún tiempo y que el texto será legible y comprensible dentro de unos años. Lo que pretendo con esta obra es evitar que el ansia de estar a la moda de cierta felicidad funcione como un corsé que impida que cada cual encuentre a su manera la alegría, la serenidad y la capacidad para encajar el sufrimiento de manera constructiva y llevadera.

Y dicho esto, reconozco que en realidad nunca leo los prólogos (y recomiendo no hacerlo), porque generalmente me destripan demasiado lo que voy a leer a continuación. Me pasa como con los tráilers de algunas películas: los hay tan largos que dan ganas de irse a hacer pis y, además, te desvelan toda la peli.

Por eso a este texto introductorio lo he llamado «preámbulo», que es lo que haces antes de echar a andar. Lo he escrito para que decidas si te apetece dar este paseo o no. Lo de que puedas leer antes que nada esa Ecuación de la Felicidad (la guinda del pastel de este libro), tómatelo como un gesto de cortesía, por si prefieres gastarte los euros en otra cosa. Pero que te quede muy clarito que eso otro que te vas a comprar, sea lo que sea, tampoco te hará feliz.

# Así suena la felicidad

Canciones de Queen, de Springsteen o de los Doors para seducir al Ulises que todos llevamos dentro... Oye: no te rías, que todavía hay quien piensa que toda música es una trampa, un canto de sirenas. Sin embargo, parece más sano pensar como Nietzsche, que decía que quien no escucha música no escucha la vida porque, para él, la vida y la música eran la misma cosa.

Así que, si quieres saber a qué suena el trocito de vida que es este libro, escanea el código para acceder a la lista de Spotify con todas las canciones que aparecen al comienzo de cada capítulo.

# 1

## El harakiri en tres sencillos pasos
## (O el inexistente camino de la felicidad)

*We sail against the storm*
*From mountains through the seas*
*The sandy beach collapsing from*
*The steam of Hercules.*

BOB MOULD,
«Steam of Hercules»,
del álbum *Silver Age* (2012)

¡Qué bonitas son las metáforas! «Tu papada es como una duna en el desierto de mi añoranza.» ¡Qué fuerza poética! «Tus legañas refulgen como el balón de oro de Cristiano Ronaldo.» ¡Qué capacidad evocadora! «Tu halitosis me subyuga cual brisa del Averno.» ¡Qué celebración del lenguaje! Nos puede parecer algo marciano, pero vivimos inmersos en metáforas y las empleamos constantemente. Cuando decimos «estoy de bajón» estamos empleando una metáfora espacial; equiparamos el desánimo con una posición en el espacio: estar *abajo*. Cuando decimos que nos sentimos «como en una nube» sucede lo mismo: metáfora al canto. Las nubes (huelan a lo que huelan) están *arriba* y *estar arriba* siempre es positivo. Me encantaría que esta teoría fuera mía, pero yo tenía cinco años y jugaba al Exin Castillos en 1980 cuando George Lakoff y Mark Johnson publicaron su estudio *Metáforas de la vida cotidiana*. El fenómeno lo había detectado mucho antes Aristóteles (que es un poco como el cuñado de los filósofos porque él ya lo había estudiado todo con anterioridad, que lo sepáis). El caso es que no podemos evitarlo: hay conceptos que se expresan mejor metafóricamente. Por ejemplo, el concepto de «felicidad». Es llamativo que prácticamente todos pensamos que a la felicidad *se llega* o que la felicidad *se alcanza*. Casi como si la felicidad fuera un país (y un estado). Y claro, a los lugares se llega gracias a un camino. Así que bastaría con saber cuál es el camino hacia la felicidad, y seguirlo, para llegar a ella.

«Comencemos por el principio», afirmó nada menos que Aristóteles (¿qué os dije?) inaugurando con esta perogrullada su *Ética eudemia*. Así es como nos gustan a nosotros las cosas: por partes. A los seres humanos (occidentales) nos pirria que todo sea lineal, con principio y fin. Somos narrativos. Por alguna razón vemos nuestras vidas como un relato. Desde la Antigüedad grecolatina se estableció que todo relato debe constar de planteamiento, nudo y desenlace. Así que nuestra vida también ha de tener esos tres elementos: planteamiento, nudo y desenlace. El desenlace, claro, debería ser «y fueron felices y comieron perdices». ¡Con lo correosa que es la perdiz! ¿Cuánto tiempo puede uno aguantar comiendo perdiz a diario?

Si no alcanzamos la felicidad es fácil que pensemos que por alguna razón nos hemos desviado del camino. Por eso estamos deseosos de que alguien nos tome de la mano y nos indique la dirección a seguir. Y mejor si lo hacen de manera clara y sencilla. Es aquí donde entran en juego los oportunistas; esos personajes dispuestos a forrarse el riñón a costa de quien anda desorientado. Y, como ya he dicho, al creer que la felicidad es *un lugar al que se llega recorriendo un camino*, estamos dispuestos a prestar atención (y a dar pasta) a quien nos ofrezca una hoja de ruta, el itinerario hacia la felicidad: un método para ser felices.

Existe todo un género literario de métodos de autoayuda; basta con echar un vistazo en cualquier librería. Haré un repaso rápido de algunos títulos actuales: *Feliz nuevo día. 21 días para cambiar tu mente*; *Feliz por dentro, bella por fuera. El revolucionario programa para conseguir una piel perfecta en 9 días*; *El secreto de la felicidad auténtica. El poder de la meditación: aprende a ser feliz en 28 días*; *Inteligencia del alma. 144 avenidas neuronales hacia el yo profundo*; *Domina el método en 30 días. Las reglas básicas para convertirte en un verdadero maestro de la seducción...* La palabra «método» no es inocente. Deriva del griego y significa precisamente «camino para ir hacia delante». Y, ojo al dato, el itinerario a la felicidad siempre estará sospechosamente lleno de etapas.

### El primer libro de autoyuda

Según la Biblia, siete días tardó Dios en crear el mundo. ¿Por qué siete días? ¿No es omnipotente? Podía haber creado en una milésima de segundo el mundo entero (incluidas todas las figuras de Lladró y los mimos callejeros).[1] Pero no, tienen que ser siete días para que pueda haber un *relato* de la Creación: un planteamiento, un nudo y un desenlace; de lo contrario, sin suspense ¿cómo iban a lograr captar nuestra atención (y nuestro dinero)? El cristianismo es quizá el método de autoayuda por excelencia y la Biblia el libro que inoculó definitivamente la narratividad en nuestras mentes occidentales. La cosa no es moco de pavo, porque hasta entonces (y por mero sentido común) más bien veíamos el tiempo de forma circular. Al fin y al cabo el sol sale y se pone todos los días (como uno que me sé yo, que siempre que sale, se pone). Y las estaciones meteorológicas se repiten. Y todo es un ciclo. Y ciclo significa rueda. Y por eso triciclo significa «tres ruedas». Pero no: llega el cristianismo y rompe la rueda. Principio y fin, alfa y omega y punto pelota.

Durante la última cena, según cuenta san Juan, Jesús se despide de los apóstoles e intenta tranquilizarlos. Cuando ya estaban con los gin-tonics les dice que se relajen, que él se va a un sitio flipante, la casa de su padre (Dios): un pedazo de casoplón lleno de habitaciones donde van a caber todos. Él básicamente va a ir primero, para preparar el terreno (y, supongo, que para convencer a su Padre de que le va a llenar la casa de barbudos). El após-

---

1. Quizá los mimos callejeros sean un invento de Lucifer. Volveré sobre este tema. Qué ilusión me ha hecho poner una nota al pie. Le da a la página empaque académico. Hola, mamá.

tol Tomás se pone nerviosillo, como oliéndose que Jesús no va a volver, y le advierte de que ellos no tienen ni pajolera idea de adónde se va Jesús ni de cuál es el camino. Y aquí es cuando Cristo se pone estupendo y en un golpe genial, de auténtico gurú de la autoayuda, responde: «Yo soy el camino y la verdad y la vida». ¿Cómo te quedas? Esto es *postureo mesías*, y lo demás son tonterías.

La idea era simple: seguir los pasos de Jesús, imitarlo; pero como nos encanta complicar las cosas, luego la jerarquía católica se fue encargando de crear toda una burocracia eclesiástica, en forma de etapas, claro. Así que para ser un buen cristiano hay que cumplir los siete sacramentos, que se dividen en tres grupos. Los de iniciación son el bautismo, la eucaristía y la confirmación; los de curación son la penitencia y la unción de enfermos; y los de servicio son el orden sacerdotal y el matrimonio. Lo de que sean siete tiene su gracia. Porque el siete es un número especialmente recurrente en la cultura popular, desde los siete días de la semana (y de la Creación) hasta las siete vidas de un gato, los siete mares, los siete magníficos, los siete pecados capitales, los siete mosqueteros,[2] siete novias para siete hermanos...

2. Lectores, los mosqueteros eran tres. No os fiéis de lo que leáis. Pero quiero haceros una pregunta. Las siete estrellas de la Osa Mayor, ¿son siete en sí mismas o son siete porque nosotros las vemos? Es decir, si no hubiera existido la Humanidad, ¿se podría decir que son siete las estrellas de la Osa Mayor?

Los siete sacramentos funcionan como los pasos hacia la Salvación, el Paraíso, la Gloria, el Cielo... llamadlo como queráis; si queréis incluso podéis llamarlo... felicidad. Curioso, ¿eh? El cristianismo es un método de autoayuda por etapas. Oh, sí.

En el mundo griego también existen numerosas muestras de lo mismo. El caso más popular, didáctico y ejemplificante quizá sea el mito de los doce trabajos de Hércules, que no es que Hércules trabajara de repartidor de pizza, mozo de Mercabarna, profesor de español en un pub irlandés de Lloret de Mar y así hasta doce curros... no. Para hacerse perdonar, para expiar el acto horrible de matar a su mujer, a sus hijos y a sus sobrinos, Hércules tuvo que (podéis tomar aire que la lista es larga):

1) Finiquitar al león de Nemea y arrancarle la piel, que era tan gorda que las flechas le rebotaban. «A mí las flechas, plin», decía el león.
2) Mandar al otro barrio a la hidra de Lerna, que se puso como una hidra.
3) Robar a la cierva de Cerinea (que corría más rápido que las flechas, ojito).
4) Hacerse socio del Real Madrid. Digo no: capturar al jabalí de Erimanto (que comía hombres como quien come cortezas de cerdo y bebe 103 con hielo).
5) Limpiar los establos de Augías en sólo un día (que

debían de estar como los aseos portátiles del Rock In Rio después de dos días de conciertos).
6) Matar a los pájaros del Estínfalo (cuyas cagarrutas eran letales, en serio).
7) Capturar al toro de Creta (aquí Hércules y Jesulín de Ubrique verían el reto de manera similar).
8) Agenciarse las yeguas de Diomedes (que comían personas. Que lo coman a uno, todavía, pero que encima lo rumien...).
9) Mangar el cinturón de Hipólita (baste decir que a Hipólita le encantaba su cinturón y que estaba dispuesta a conservarlo).
10) Birlar el ganado de Gerión (que era un gaditano con tres cuerpos, tres cabezas y tres de todo).
11) Chorizar las manzanas del jardín de las Hespérides (eran unas manzanas de oro que daban la inmortalidad, así que a saber a cuánto salía el kilo).
12) Capturar a Cerbero, que era el perro guardián de la puerta del infierno; por eso a los porteros de fútbol se les llama «cancerberos» (¡que hay que explicaros todo!).

El de la Biblia y el de Hércules son sólo dos ejemplos de los muchos que existen en nuestra tradición de tareas que hay que acometer por pasos para llegar al ansiado fin. En ambos casos se trata de expiar los pecados —expiar la culpa—, por haberse desviado del itinerario marcado (en el caso del cristianismo, hay que intentar librarse del pecado original).

Ya sé que soy muy pesado con las etimologías, pero la palabra «itinerario» viene del latín *iter, itineris*, que no significa otra cosa que ¡tachán!: «camino». Y es curioso porque, en general, es así como creemos que razonamos: por pasos. En matemáticas, de hecho, el método iterativo (toma ya redundancia) es el que busca la solución a un problema por aproximación, repitiendo (re-*iterando*) una misma estrategia. Por eso a veces para expiar algún que otro pecadillo hay que rezar no sé cuántos padrenuestros: es decir, *reiterar* una acción, en este caso pronunciar determinadas frases. En fin, que me enrollo.

Hay quien puede pensar que si se establecen etapas es porque es difícil llegar a la felicidad, porque es un largo viaje y es necesario ir paso a paso. Pero ¿no se puede llegar a la felicidad mediante la intuición, o sea, de golpe, sin escalas? ¿Os parece bonito pensar así? ¿Y los pobres oportunistas que quieren que estéis enganchados a sus métodos para llegar a la felicidad de qué iban a vivir si la solución fuese tan simple e intuitiva? ¡No tenéis corazón! Recordad que no conviene matar a la gallina de los huevos de oro demasiado pronto. Mejor ir poco a poco, como quien devuelve un préstamo. En realidad el esquema es el mismo: ¿quieres acceder a un bien fuera de tu alcance? (puede ser una casa o la felicidad, da igual). La solución siempre es la misma: contrae un compromiso, una deuda, y devuélvela poco a poco.

Ya hemos visto como tanto en el cristianismo como en la cultura griega la cosa va de culpa. Quien se siente culpable es infeliz y lo es porque se ha salido del camino. Es entrañable (por no decir acojonante) que en alemán, la lengua de nuestra querida Angela Merkel, la palabra «culpa» y la palabra «deuda» son exactamente la misma: *Schulde*. Así que el que ha hecho algo malo está en deuda, es culpable y, para ser perdonado (volver a ser feliz, conseguir la casa, pagar el crédito, tener éxito social, etcétera), debe hacerlo paso a paso, gradualmente. A ningún banco o vendedor le suele gustar que le paguen a tocateja; prefiere tener a la gallina agarrada por los huevos (de oro). ¿Y quién es la gallina de los huevos de oro?, os preguntaréis. La respuesta es fácil.

> La gallina de los huevos de oro está sujetando ahora mismo este libro entre sus manos.

Lo de tener a alguien bien agarrado cumpliendo unas etapas lo encontramos hoy en día en todas partes. No sólo en el caso de pagar las mensualidades de la hipoteca, también las sectas operan así (además suelen inventarse una jerarquía de puestos por los que el adepto a la secta ha de ir ascendiendo para llegar al Nirvana, al Bien Supremo, a la Paz o a lo que sea). Estas estructuras jerárquicas son comunes en otro tipo de sociedades muy estratificadas: desde las castas de la India (sé bueno y te reencarnarás en la casta superior) hasta las empresas o el ejército (si quieres dejar de recibir órdenes ya sabes: llega a director o a general, o a director general, que farda más).

Estos sistemas estratificados muestran lo poco originales que somos los seres humanos, porque en realidad lo que hacemos es trasladar la estructura de nuestro cuerpo a la sociedad. Me explico: si un cuerpo humano tiene pies, ano, manos, hombros y cabeza, algo así viene a ser un ejército o una empresa. Los que piensan, los que toman las decisiones y son libres son sólo los de arriba. No es casualidad que a las organizaciones marciales se las llame «cuerpos»: cuerpo de policía, cuerpo de bomberos... Incluso de la Iglesia católica se dice que es cuerpo de Cristo (es la llamada teología del cuerpo místico), en la que Jesús es la cabeza y sus seguidores son miembros de ese cuerpo, al igual que las manos o los pies son miembros del cuerpo humano.

A mí me fascina que el símbolo arquitectónico del siglo XX, el rascacielos, responda justo a este esquema humanoide. En la planta baja, los muelles de carga y las puertas traseras por los que entran y salen los paquetes y las personas (nutrientes y excrementos), y según vamos ascendiendo en el rascacielos, lo vamos haciendo también por el cuerpo humano, los músculos, los brazos y, al final, en el despacho del consejero delegado y en la sala de juntas del Consejo de Administración, el cerebro que guía al cuerpo humano. Cada rascacielos es casi como un robot gigante. Mola, pero es una idea tan vieja... Construir rascacielos en el siglo XXI es tan obsoleto como construir catedrales góticas. Porque hoy en día lo que debería prosperar es el concepto de red, sin centro ni cabeza, pero ésa es otra historia.

Las etapas, los pasos, los caminos al bien y a la felicidad (y los sistemas de premios, ascensos, promociones profesionales y recompensas) no dejan de ser una herramienta de control social. En Oriente también existen, pero a lo bestia. La mayoría de las llamadas artes marciales, el sistema de cinturones de colores en el yudo, por ejemplo, no dejan de ser eso: etapas en un camino. El sufijo *-do* en el yudo, el taekwondo, el aikido, o el bushido... significa (¡tachán, tachán, tachán!): «¡camino!».

Muchas veces los métodos de autoayuda ni siquiera tienen que prometer la felicidad, sino simplemente la solución a un problema concreto (el tabaquismo, el sobrepeso, el fracaso profesional, la soledad, la fealdad, el alcoholismo, etcétera). Esos problemas concretos aparecen en el camino, como el único obstáculo que se interpone entre nosotros y la felicidad. Generalmente, si el método no nos funciona, el autor y los participantes en el curso nos harán ver amablemente que el problema es que no lo hemos hecho bien *nosotros*. A mí me pasó.

## 150 EUROS PARA SER FELIZ

En San Sebastián participé en un curso para aprender a ser feliz. Por supuesto, era un curso por etapas. Duraba dos días y valía 150 euros. Se impartía en el local de una asociación: un bajo no muy grande, lleno de sillas de tijera y una lámpara con luz roja en una esquina. Estaba atestado (y eso que había partido del Mundial de fútbol). Había todo tipo de gente: profesionales, desempleados, jóvenes, mayores. Gente normal, aunque yo no creo mucho en el concepto de normalidad, la verdad (un psiquiatra me dijo una vez que si encontraba a alguien normal por la calle, que se lo llevara, porque esa persona necesitaría ayuda). Lo que quiero decir es que los asistentes al *Curso de felicidad* no parecían pirados ni personas incultas o vulnerables. Éramos unas 50 personas, así que si multiplicamos por 150 euros, en dos días los organizadores facturaron 7.500 euros. Hubo muchos que se quedaron en lista de espera.

El caso es que para poder llegar a ser feliz, decía el profesor, primero era necesario «liberar bloqueos emocionales de nuestro pasado» (traumas, falta de amor, problemas pendientes...). Para liberarlos, antes había que localizarlos en nuestra memoria preguntando al *subconsciente*.[3] Uno se ponía de pie, muy recto, y se hacía a sí

---

3. En la psicología actual hace años que el término «subconsciente» se ha desterrado por falto de rigor científico, pero eso parecía no importarle ni al director del curso ni a sus alumnos. Pelillos a la mar...

mismo en voz alta una pregunta de esas que sólo pueden contestarse con un «sí» o un «no». Si después de la pregunta nuestro cuerpo se balanceaba ligeramente hacia delante, eso era nuestro subconsciente diciendo «sí». Y si se balanceaba hacia atrás, era «no». Lo llamaban el «test muscular». Yo no me movía ni hacia delante ni hacia atrás, o sea que mi subconsciente era sordo. Y la gente se reía: «No te preocupes, es que aún no sabes, ya te saldrá», me decían. Incluso me dieron un truco: «Bebe agua, el subconsciente no funciona bien con la boca seca». Bebí de un vaso que me ofrecieron. Entonces pensé: ahí me han echado algo para que me anime; pero no: era agua.

Como yo no me movía, por suerte el maestro *entró en mi subconsciente*, hizo las preguntas de rigor sobre mi pasado y, balanceándose él por mí (era un genio del balanceo, lo hacía a toda pastilla), identificó mis emociones negativas bloqueadas. Una vez identificadas, había que desbloquearlas, pero ¿cómo? Muy fácil, lectores de poca fe. Lo hizo pasándome un imán de nevera por la cabeza y la espalda unas cuantas veces. ¡Chas, chas, chas! Uno podía elegir entre dos tipos de imán (con carita sonriente tipo Acid House, o mariposa psicotrópica translúcida. Había tortas por la mariposa).

La gente se pasaba el imán con fruición. Aquello era una bacanal de desbloqueo de emociones negativas. Ver a gente de todas las edades y condiciones pasándose a sí mismos imanes de nevera por la cabeza y la nuca —y pagando por ello— deja huella, creedme. Yo todavía conservo el imán:

Tras hacer los pases mágicos —para confirmar los resultados—, el maestro volvía a preguntar al subconsciente si ya estaba desbloqueada la emoción negativa en cuestión. Si su cuerpo (en nombre del mío) se balanceaba hacia delante, listo, podíamos pasar al siguiente nivel. Nunca cursé el siguiente nivel.

En resumen: nos gustan los métodos. Incluso existe uno para hacerse el harakiri (hace falta un kimono blanco, papel de arroz, un abanico de guerra y una daga de 20-30 centímetros. Y también un colega que te corte la cabeza si a uno le sale mal). Tengo dudas de que esto sea autoayuda. Supongo que depende del caso.

Pero por mucho que digan los oportunistas, la prueba más evidente de que nadie tiene demasiado claro cómo llegar a la felicidad, de que no existe un método universal para alcanzarla, es precisamente la existencia de tantísimos métodos o caminos de autoayuda. Y no es superfluo citar aquí los consabidos versos de Antonio Machado, que nos recuerdan algo evidente, caminante: en realidad no hay camino; el camino (el de cada cual) se hace al andar.

> Y si no hay dos caminos iguales, ni dos vidas iguales, ni dos personas iguales... no habrá dos felicidades iguales.

Aun así, nos consuela que alguien nos haga creer lo contrario, y si es empleando palabras bonitas y discursos electrizantes, mucho mejor. Eso nos lleva al tema de los charlatanes: ¿por qué siguen teniendo tanto tirón?

# 2

## Filósofos griegos en una TED Conference
### (Los vendemotos)

*Sayin' blah blah blah,
cause I don't care who you are
In this bar it only matters who I is
Stop ta-ta-talkin' that.*

Ke$ha, «Blah Blah Blah»,
del álbum *Animal* (2010)

En el Principio fue el Verbo, es decir, la Palabra. Pero para que en el Principio fuera la Palabra alguien tuvo que decirla. Hace la tira de años que el primer homínido articuló un sonido y lo dotó de significado (algo que todavía le cuesta a algún cuñado). Desde entonces, a lo largo de la historia, miles de vidas humanas se han perdido y toneladas de sufrimiento se han acumulado con el fin de que hoy haya mucha gente desesperada y dispuesta a pagar cientos de euros para ir a ver a un señor con un micrófono color carne colgado del moflete (como el que usa Madonna) y que nos explique un PowerPoint de 70 diapositivas sobre autoayuda. O emprendimiento. O *running*. O sobre cómo el *running* es una metáfora del emprendimiento y nos puede servir de ayuda. Quien dice PowerPoint dice Prezi, SlideShare o GoogleDrive (o cualquier aplicación informática para presentaciones). Y ¿por qué no?: sobre setas. Más de 70 *diapos* a todo color, con tipografías sombreadas y animaciones conceptuales, sobre cómo la micología *amateur* es una metáfora del espíritu de emprendimiento que necesita un empresario *runner* para autoayudarse.

Una tarima, la cátedra, un púlpito, un atrio, un balcón, un escenario, una peana, un estrado, incluso el taburete de un bar en el formato de la *stand-up comedy*... Todos son lugares desde los que el orador se hace oír y desde los que, jerárquicamente, se sitúa por encima del auditorio. Lo curioso es que, por alguna razón extraña, a muchísima gente le fascina ese formato de que uno hable y el resto escuche: el predicador, el líder dirigiéndose a las masas... La palabra «líder», por si alguien todavía no lo sabe, viene del inglés *leader* y quiere decir «guía». En alemán «guía» se dice *Führer*... y todo en este plan. Muchas veces buscamos eso en concreto: que alguien nos guíe hacia la felicidad mediante la palabra. O, bueno, que no nos guíe hacia la felicidad pero que al menos nos enseñe algo. O que nos haga pasar un rato divertido. En ocasiones basta con que no nos venda algo. O que no nos venda algo *demasiado caro*. Lo vemos en los mítines políticos, en las homilías de los clérigos, en las lecciones de los maestros... Podría introducir ahora el tema de los mimos callejeros, pero los mimos no hablan y ahora toca ocuparse de las personas que sí hablan. ¿Por qué nos fascinan desde hace siglos los que hablan bien? ¿Por qué nos echamos en sus brazos (metafóricamente, o no) y les compramos el crecepelo? Hay quien pagaría hasta 7.401,55 euros (8.500 dólares) no ya por el crecepelo, sino por escuchar al vendedor de crecepelo.[4] Si no me creéis os voy a contar la historia de la TED Conference.

La TED Conference es algo así como la cumbre de los vendedores de crecepelo, sólo que sin crecepelo. La idea es buenísima y surgió en 1984 (a Orwell le habría encantado). Empezó siendo una pequeña conferencia en Monterrey, California. Al principio los temas eran Tecnología, Entretenimiento y Diseño (de ahí las siglas TED), pero ahora también se abordan cuestiones de ciencia, arte, negocios...

Tres décadas después se ha convertido en una reunión anual de mil personas que pasan cinco días escuchando a 70 oradores que hablan un máximo de 18 minutos cada uno, sobre los más variados asuntos (sobre la tuna y el macramé aún no han hecho nada, pero tiempo al tiempo). En 2016 el tema de la TED Conference es «Dream», o sea, «Sueño». Tal cual. Pero no el sueño de «jopé, qué sueño tengo», ni los sueños de «he soñado que se me caían los dientes y al caer rompían un espejo y el tío Agapito se moría mientras volaba desnudo a baja altura sobre

---

4. Nota para los (millones de) lectores de un futuro lejano: para que os hagáis una idea, hacia 2015, cuando este libro se publicó, con 7.401,55 euros te podías comprar 800,16 kilos de chopped de pavo. En efecto, los hombres y mujeres del siglo XXI fuimos enormemente afortunados con el período de tiempo que nos tocó vivir.

Palencia». Tampoco hablarán de trastornos del sueño (ni de valeriana, ni de melatonina, ni de contar ovejas). No.

El tema es el sueño de los soñadores. Lo publicitan así: «Los sueños importan. Y TED2016 estará dedicado a los más grandes sueños que seamos capaces de soñar. Será una semana para mirar cara a cara a los desafíos más difíciles que afronta la humanidad y para escuchar con atención a aquellos que nos pueden mostrar un camino hacia delante. Una semana para celebrar el brillo creativo de los mejores artistas, diseñadores y contadores de historias de nuestra generación. Una semana de invenciones, innovación, imaginación...». ¿Quién podría resistirse a pagar más de 7.400 euros por pasar una semana así? Yo. Y vosotros, seguramente. ¿O no?

Desde los años ochenta la TED Conference ha ido acumulando tanto éxito que se han convertido en una especie de *multinacional de las charlas* con diferentes *productos*. A la supercumbre que es la TED Conference (que, como ya hemos dicho, es anual) le han salido múltiples retoños. Existen TEDTalks, TEDx, TEDxYouth, TEDActive, TEDGlobal, TEDWomen y un premio TED, que recompensa a quien tenga un sueño para «cambiar el mundo». Está dotado con unos 900.000 euros y lo han ganado, entre otros, el cantante Bono, el político Bill Clinton y el chef Jamie Oliver.

En 2009 los organizadores decidieron otorgar licencias gratuitas para que quien quisiera pudiese montar charlas TED, pero bajo la marca TEDx. En 2013, cada día se organizaban unas ocho charlas en diferentes lugares del mundo. En el portal de vídeos YouTube hay colgadas más de 25.000 y las audiencias son millonarias. En ese caso no hay que pagar, pero a los organizadores no les importa. No deja de ser publicidad. Porque YouTube es la nueva tribuna, el nuevo estrado o púlpito global (que se lo digan si no a los *youtubers*, esos chavales que simplemente grabándose con una cámara y armados de su ingenio —o *chorrez* extrema— logran audiencias de millones de personas).

Pero la madre del cordero, la TED Conference anual, cuesta lo dicho: 7.400 euros. Y ésa no es fácil de encontrar en YouTube. Quien paga y asiste a ella no sólo compra el derecho a escuchar en vivo las intervenciones, sino que pasa a pertenecer a una especie de élite: puede crear un perfil en una red social privada, únicamente para miembros de TED, y así hacer contactos (el llamado *networking*). Conocer a gente es una de las grandes bazas de estos saraos. Y no sólo conocer a gente, sino tener la sensación de que uno es VIP (o sea, una persona muy importante). La acreditación, esa que los asistentes se cuelgan orgullosamente del cuello, es la llave al paraíso... siempre que la acreditación sea del color adecuado, porque en estos saraos hay un sistema de castas entre los acreditados que ya lo quisieran los brahmanes de la India. El paraíso es poder tomarse un canapé de minisalchicha con dátil al lado de un ponente famoso. Hacerse un *selfie* con él. Fardar en las redes sociales. Estar en el ajo. Si uno paga para una TED Conference pasa también a pertenecer a un club de lectura, recibe una bibliografía «inspirada» y acceso (mediante claves) a los vídeos de las conferencias. Ellos controlan qué y cómo se difunde. Muy raramente la TED deja que periodistas «externos» graben o fotografíen las charlas.

### Tú me camelas, primo

A imagen y semejanza de las charlas TED, han surgido miles de citas, congresos y cumbres en todo el mundo y sobre los más variados asuntos y campos profesionales. A veces no hay que pagar tanto por acudir a ellas. Para escuchar en Madrid durante una hora a Steve Wozniak, cofundador del gigante informático Apple, había que aflojar en 2014 un total de 140 euros.[5] Su conferencia se tituló *Fostering Creativity & Innovation in a Technical Environment Creativity with some anecdote with Apple Computer.* O sea: *Promover la creatividad y la innovación en un entorno de creatividad técnica con algunas anécdotas sobre Apple Computer.* ¿Es el peor título de la historia para una conferencia? Es probable. Se agotaron las entradas.

Lo curioso es que Wozniak dijo cosas como ésta: «La

---

5. Unos 15 kilos de chopped de pavo, precio de 2015.

persona que ama lo que hace es la que innova, es la que crea. La inspiración se siente al momento. En la vida se trata de ser feliz. Es así de simple». Amor, innovación, creatividad, felicidad... En muchas de estas charlas, en principio orientadas a profesionales, se acaba hablando de la felicidad. Pero ¿por qué prestamos atención a las opiniones de este señor, o de cualquier otro, sobre la felicidad? ¿Es acaso un filósofo? ¿Es un sabio? No. Lo hacemos porque es un empresario con una fortuna personal de 87 millones de euros y pensamos que quizá nos revele algún truco para montar nosotros una empresa y forrarnos. O simplemente nos sirve de inspiración: queremos ser como él. Miradlo, empezó en un garaje con Steve Jobs y ahora tiene millones a paladas. Y también lo hacemos porque así tenemos la sensación de escuchar pensamientos *profundos* sin la necesidad de leer. No tenemos tiempo para leer. Wozniak habló en Madrid en el marco de unas jornadas tituladas *E-Show*, pero muy bien podía haber hablado en una charla TED. De hecho, protagonizó una en Bruselas, en 2013.

Por cierto, cuando este tipo de citas se convocan en España, o en países hispanohablantes, casi siempre comparten una característica: en las comunicaciones previas, en los anuncios, en los horarios y programas de mano se abusa de los términos en inglés. Así, se hablará de *speakers* en lugar de «ponentes», de *masterclass* en lugar de «clase magistral», de *coffee break* en vez de «pausa para el café», de *slide* en vez de «diapositiva», de hacer *networking* en vez de «hacer contactos»... Siempre me he preguntado por las causas de esto. No sé si los organizadores tienen complejo de no ser estadounidenses, o si ignoran su propia lengua, o si piensan que el público hispanohablante es tan provinciano que se va a ver más deslumbrado y atraído por las palabras *coffee break* que por «pausa para el café»...

Pero bien puede haber una razón más profunda: que lo que se viste con la piel de cordero de atuendo desenfadado, maderas lavadas, cojines y charlas sobre innovación, motivación, creatividad y espíritu fraternal en realidad sea el lobo de la competitividad extrema. Y el inglés es, entre otras cosas, la lengua de los negocios, del emprendimiento, del dinamismo y la competitividad... Nos venden éxito social, y es precisamente eso lo que queremos. A los chinos que, según desveló la BBC, trabajan dieciocho días seguidos fabricando teléfonos para Apple seguro que les encantan las palabras de Wozniak: «La persona que ama lo que hace es la que innova, es la que crea. La inspiración se siente al momento. En la vida se trata de ser feliz. Es así de simple». Estaréis deseando hacer un *coffee break*.

### Una milonga milenaria

Y lo mejor es que esto que nos parece tan moderno y dinámico, lo de escuchar a los vendemotos, es más viejo que la orilla del río. Bueno, vale, no todos son vendemotos. Hay muchas charlas geniales.[6] Pero no es nada novedoso lo de buscar el éxito social escuchando a un menda subido a un sitio.[7] De hecho, tiene mucho que ver con algo que sucedió en Grecia en el siglo v antes de Cristo. En ese siglo se acuña la palabra «democracia» (poder del pueblo) porque cada vez más personas comienzan a intervenir en la vida pública. Digamos que se produce un fenómeno equivalente, salvando todas las distancias, al de la irrupción de internet. De pronto casi todo el mundo tiene voz. Bueno, en el caso de la Grecia clásica casi todo el mundo no: ni las mujeres, ni los esclavos, ni los extranjeros... Pero los ciudadanos libres sí, y esto que hoy en día nos puede parecer una cutrada era un avance respecto al sistema de gobierno tiránico o el oligárquico, ambos muy golosos para los poderosos.

Así que los ciudadanos libres podían decidir el destino político de su pueblo y, además, hablar en público (y ser escuchados). Y lo de expresarse en público era importante. Tanto, que era un derecho: la llamada «isegoría»,

---

6. Señores organizadores de la TED Conference: estoy disponible. Tienen ustedes, todos, unos ojazos... ¿Cómo lo consiguen? ¿Cuál es su secreto?

7. A mí y a san Pablo el sitio que más nos gusta para subirse a hablar es el Areópago, que era (y es) un cacho de roca en Atenas donde se reunían los jueces y políticos. La *roca de Ares*, que así se traduce, es a la que se subió san Pablo para dar la buena nueva a los atenienses, que pasaron de él cosa fina. A mí allí me dio una lipotimia, lo cual no es un hecho menor.

un palabro que viene a significar que todos tienen igual derecho a expresarse en el ágora, que era como la plaza. Lo mismo que pasa en internet, que es como la plaza del pueblo. Con sus cazurros incluidos.

Hay por cierto una tradición de los nativos americanos, la del llamado «bastón de la palabra», que se basa en el mismo *derecho a hablar*. Quien sujeta el bastón de la palabra tiene derecho a soltar su rollo, pero sin abusar, ya que el bastón debe rular entre los congregados. Es un buen truco para ordenar los debates en casa. No hace falta que sea un bastón. Puede ser una pantufla o el último ejemplar del *¡Hola!* enrollado. Quien lo sujeta no puede ser interrumpido hasta que haya acabado; luego pasará ese objeto al siguiente orador. No muy lejos de este espíritu democrático está también el Speakers' Corner en Hyde Park, Londres: ese sitio donde cualquiera puede subirse a un cajón y perorar. «Perorar», qué bello verbo.

Pero imaginaos en Grecia a un montón de personas decidiendo su futuro... Eso crea un sentimiento colectivo: la sensación de que es el ser humano el que lleva las riendas (y no los dioses ni el destino ni los elementos). Y claro, si son personas las que deciden el destino de otras personas se hace muy interesante saber cómo se comportan los seres humanos, qué cabe esperar de ellos cuando actúan en sociedad... Total, que el mismo ser humano, la educación y la ética (o sea, lo que le es más propio) se convierten en asignaturas de moda. Esta transición es lo que los pedantes y eruditos, como yo, llamamos pasar del período cosmológico al período antropológico. Los planetas dejan de estar de moda y todo el mundo quiere saber más acerca del ser humano. ¿Y quién sabía mucho del ser humano? Pues otros seres humanos llamados filósofos.

Hasta entonces, sin embargo, los filósofos eran unos tíos poco sociables que iban a lo suyo y que pasaban tres pueblos de lo que opinara la gente. Como mucho charlaban con algún discípulo... Mejor si era un jugoso efebo. A veces dialogaban. Pero con la democracia y en la plaza pública cada vez más gente quería hablar como ellos y saber lo que ellos sabían. Y así surgen unos emprendedores que ven oportunidad de negocio. Un tipo de filósofos llamados «sofistas» que no tienen empacho en hablar para la masa pero... a cambio de *pasta*, *guita*, *lana*, *parné*, *turrón*. Sí: la gente pagaba por escucharlos igual que pagamos hoy en día por ir a una TED Conference.

A los filósofos de la vieja escuela, Sócrates y Platón, los sofistas les parecían un engaño, y todavía hoy si en el bar que hay debajo de mi casa (en el que dan el mejor gazpacho de Madrid, por cierto), un parroquiano llama «sofista» a otro, probablemente haya bronca. «Eso se lo dirás a tu padre, rico.»

Pero algunos sofistas molaban, igual que algunos conferenciantes de las TED. De hecho, en lo que eran expertos era en enseñar la virtud, que en realidad para ellos era «molar»: ser seductores, tener éxito social... Por eso hay quien los acusaba de centrarse demasiado en las técnicas para convencer al personal, en enseñar retórica, elocuencia y oratoria. Quizá os parezca aburrido, pero si hoy compramos cosas, votamos a políticos y dejamos que nos depilen las ingles es porque alguien nos ha convencido. Con palabras.

Pero los dos sofistas más famosos, Protágoras y Gorgias, no sólo eran piquitos de oro, eran *catacrockers* que elaboraron un pensamiento propio. Protágoras llevó al extremo la idea de que lo que importaba era el punto de vista humano y no el de los dioses ni el de los elementos. Acuñó la famosa frase «el hombre es la medida de todas las cosas». Voy a ponerlo en griego también que luego mis padres me llaman y me dicen que si chamullo griego que se sepa, que quizá me salga un trabajo. Ahí va: Ἄνθρωπος μέτρον ἁπάντων. Protágoras, por cierto, tenía unas tarifas bastante elevadas el tío. Y compartía con Gorgias el escepticismo y el relativismo: o sea, aquello de «todo es relativo». La cuestión es que con los sofistas daba un poco igual cuál fuera la verdad; lo importante era ser convincente. Ellos eran capaces de defender una tesis y, al cabo de un rato, la contraria. Sin pestañear. Sí, a mí también me recuerdan a *esa* persona.

¿No os parece muy contemporáneo esto de darle tantísima importancia a lo de hablar en público, aparentar y ser convincente? ¿Cuántas veces se lleva el gato al agua (el trabajo, el voto, la chica, el chico, la pasta...) no el más preparado, sino el que mejor se vende? ¿Veis?, éstas son preguntas retóricas. Sirven para molar. Yo molo, ¿no? Un poco sí. Lo sé. ¿No? Vaya. Yo creo que un poco sí. Decid que sí, lectores. Necesito vuestra aprobación.[8]

En cualquier caso, lo que debe quedar claro es que hay mucho charlatán (predicador, gurú tecnológico, *coach* candidato a la presidencia del Gobierno, etcétera...) que vive de personas desesperadas por alcanzar el éxito social. Distinguir al vendemotos del sabio no es fácil. Pero hay un truco inicial: si la única manera de escuchar a ese supuesto experto es pagando, desconfiad.

Así pues, una vez que ya nos hemos desencantado de los métodos y de los discursos, es lógico que nos digamos: «Vayamos a lo simple; busquemos la felicidad en algo que no requiera mucha complicación. Algo barato que podamos hacer solos, que nos haga sentir bien y que, por supuesto, esté de moda». Oh sí, ya podéis echar a correr...

---

8. Ése es uno de mis grandes problemas y el de mucha gente: intentar caer bien a todo el mundo. Lo aprendí cuando hice el «test de la felicidad» con HappyApp, una aplicación de la Universidad San Jorge de Zaragoza para móviles. Manda narices que tenga uno que aprender eso con casi 40 *tacos* y gracias a una *app...* En fin. Que sepáis que intentar caer bien a todo el mundo es darles demasiado poder a los demás. Así que ya sabéis, si no os molo ME DA ABSOLUTAMENTE IGUAL. Pero yo sé que os molo. ¿No?

# 3

*El running*, esa droga de la felicidad
(De la cinta del gimnasio a la rueda
del hámster)

*Someday girl I don't know when
We're gonna get to that place
Where we really wanna go
And we'll walk in the sun
But till then tramps like us
Baby we were born to run.*

Bruce Springsteen,
«Born to Run»,
del álbum *Born to Run* (1975)

De adolescente tuve un hámster marrón oscuro al que bauticé como Enánidas, en plan minihéroe griego. Enánidas vivía en una jaula de dos pisos. Se pasaba el día sobre un lecho de recortes de periódico, dentro de una caverna de algodón, rodeado de pipas de girasol sin sal y hojas tiernas de lechuga. En el piso de arriba de su loft enrejado tenía una rueda a la que se subía a diario un rato largo. La hacía girar con tanta energía que, si la hubiéramos conectado a la red eléctrica, podría haber iluminado lo que viene siendo Cartagena. Mi hámster era corredor, pero no sé si era *runner*. Ser corredor no es lo mismo que ser *runner*, porque un corredor no publica sus marcas en las redes sociales, ni se apunta a todas las carreras populares y comerciales, ni farda en el gimnasio con las camisetas de las media maratones que ha hecho...

¿Para qué se subía a la rueda Enánidas, si sabía que, en realidad, no iba a llegar a ningún sitio? La respuesta es fácil: se subía a la rueda para aliviar su cautiverio y su frustración. Se subía a la rueda para cansarse físicamente, liberar tensión y poder dormir. Me daba mucha pena, así que le compré una hembra de color café con leche. Mal hecho. Al poco tiempo tuvieron crías y la hembra se las comió a todas delante de mis espantados ojos. Enánidas le arrancó la cabeza a la hembra. Luego pilló una infección de boca y murió de manera poco decorosa y muy triste. Me río yo de los finales sanguinolentos de Shakespeare.

Los animales corren únicamente por necesidad (para cazar o para no ser cazados). El ser humano, como animal que es, lo hacía por los mismos motivos, hasta que alguien —hace bien poco, en términos históricos— decidió que correr, además, era una de las vías hacia la felicidad y a la plenitud personal. Bueno, en realidad antes de que el *running* y el deporte en general se convirtieran en uno de los caminos hacia la felicidad, el ser humano a lo largo de la historia además ha corrido por otros tres motivos: llevar mensajes, competir y traer hijos fuertes al mundo.

### Filípides y el whatsapp

No sé sabe muy bien si Filípides existió o no, pero en cualquier caso lo que se cuenta de él es que en el siglo v antes de Cristo se ganaba la vida como *hemeródromo*, o sea, como un cartero capaz de recorrer en un solo día (*hemera*) el camino (*dromos*) necesario para llevar un mensaje. El asunto es que Filípides se quedó sin batería en el iPhone —y por ende sin whatsapp— y tuvo que correr en dos días la distancia de Atenas a Esparta (240 kilómetros) para pedir ayuda a los espartanos, porque los persas habían desembarcado en la ciudad de Maratón y se disponían a invadir Grecia.

Filípides, echando el bofe, anuncia a los jefazos de Atenas la victoria sobre los persas en este cuadro de Luc-Olivier Merson, de 1869.

Los persas amenazaban el país con sus cardados imposibles y sus superposiciones de camisetas desteñidas con lejía, por lo que los griegos se vieron obligados a plantarles cara en la batalla de Maratón. Filípides luchó en ella y después, dado que el 3G en la Antigua Grecia funcionaba fatal, y todavía no había cobertura de 4G en el campo, corrió echando el bofe desde Maratón hasta

Atenas (unos 40 kilómetros) para anunciar a los jefazos atenienses que los griegos habían derrotado a los persas. Al parecer lo último que dijo fue: «¡Alegraos! ¡Vencimos!», y murió. Por eso hoy existe una prueba deportiva llamada «maratón», cuya distancia es de unos 40 kilómetros.[9] Puede que yo haya añadido algunos datos (*datillos* sin importancia) de mi cosecha para embellecer la historia, pero en ella hay gran parte de verdad.

Entre los griegos no es el de Filípides el único caso de aficionados al *running* (al margen de que hay quien dice que fue un tal Tersipo y no Filípides el que corrió los 40 kilómetros). También corrían los espartanos, para ser soldados fuertes, y las espartanas, para dar a luz a retoños fornidos. En el resto de Grecia sólo los varones hacían gimnasia. En realidad los chicos y las chicas espartanas hacían gimnasia juntos y... desnudos. Y no: no estaban todo el día *dale que te pego*. Plutarco cuenta que ellas debían hacer ejercicios de carreras, lucha, tirar la lanza y tirar el disco, todo con el fin de que «el fruto que luego puedan concebir se alimentase de un cuerpo fuerte y vigoroso, se criara bien y mejorase la raza, y para que por el fortalecimiento logrado con estos ejercicios les hiciera soportar mejor los dolores del parto...». O sea que el

---

9. En realidad la distancia actual es de 42 kilómetros y 195 metros porque en los Juegos Olímpicos de Londres de 1908 los organizadores eran tan pelotas que quisieron que la carrera comenzara en el palacio de Windsor y acabase justo en el palco real del estadio olímpico de Londres.

*running* era parte fundamental de la política de planificación familiar de Esparta.

Por cierto, he hablado de «hacer gimnasia desnudos» y en realidad es una redundancia, porque en griego *gymnós* significa «desnudo», de ahí vienen las palabras «gimnasia» y «gimnasio» (el ejercicio físico que se hace desnudo y el lugar donde se hace ese ejercicio). Afortunadamente hoy en día en los gimnasios la gente no va en pelota picada, y menos mal, porque si ya me dejan la bici estática llena de manchurrones de sudor, no quiero imaginar qué pasaría con el roza-roza, frota-frota de sus más íntimos pliegues con el sillín de polipiel...

Por supuesto, en los Juegos Olímpicos de la Antigüedad había varias pruebas que consistían en correr. La más apta para *runners* era una carrera de fondo que se llamaba *dólijos*, con una distancia de entre 7 y 25 estadios (MODO PEDANTE «ON»: un «estadio» medía unos 180 metros de largo. El estadio era una unidad de medida, sí, y por eso los estadios de fútbol o de atletismo se llaman así: estadios. MODO PEDANTE «OFF»). Total, que si Pitágoras no era un cachondo, 25 estadios multiplicados por 180 metros hacen 4,5 kilómetros. Eso medía la carrera de fondo en la Grecia clásica.

En mi gimnasio, en la cinta esa automática (y satánica) de correr, hay un modo que se llama «prueba rápida», de 5 kilómetros. Aún no he sido capaz de completarlo. Siempre que me pongo a ello me acuerdo de Filípides. Aunque él debió de morir feliz, en pleno chute de endorfinas. Sí, porque los efectos de correr son parecidos a los de una droga...

¡Que rulen las endorfinas, colega, tron, machote, compa, bróder!

En la web www.runners.es no se cortan un pelo: «La *droga* para que logres tu felicidad se llama endorfina. Son unas pequeñas proteínas que actúan como neurotransmisores de placer. Te sirven para luchar contra el dolor, entre otras muchas cosas, y, sobre todo, para ser feliz».

Tiene guasa que pongan *droga* en cursiva porque en realidad las endorfinas producen el mismo efecto que los opiáceos (en concreto que la morfina). Nuestro cerebro no sólo genera endorfinas con el ejercicio físico, también cuando comemos chocolate negro o comida picante, cuando nos enamoramos y cuando tenemos un orgasmo. Las endorfinas se llaman así porque su apelativo deriva de «morfina endógena», o sea, morfina generada internamente (por nuestro cuerpo).

Aunque correr en principio no es algo placentero, sí lo es el hecho de culminar un reto, por humilde que sea. Sobra decir que, antes de empezar a realizar cualquier deporte, hay que hacerse un chequeo médico. Porque algo nada placentero es palmarla antes de tiempo. Pero aunque estemos bien de salud, cuando uno empieza a entrenarse se pasa muy mal. No se notan las endorfinas por ningún lado. Se siente más bien lo que en filosofía se llama «placer negativo», que es lo que experimentamos cuando nos dejan de pellizcar, nos deja de gangrenar la pierna la goma del calcetín, cuando en el bar bajan el volumen de las tertulias políticas de La Sexta y, en general, cuando cesa un sufrimiento o jodienda, en lenguaje técnico.

Así que para encontrarle el placer al ejercicio hay que ir poco a poco alternando paseos con breves trotecillos cochineros y, a lo largo de semanas, ir prolongando el trotecillo y reduciendo los paseos.

Es curioso porque el hecho de plantearse correr supone crearse un problema a uno mismo; un problema que no teníamos. Quien no corre habitualmente no percibe como un problema no poder correr durante más de cinco minutos. Quien decide empezar a ejercitarse decide, también, complicarse la vida. Decide marcarse un reto... y superarlo. No es un desafío que nos haya lanzado el azar (como puede ser afrontar una enfermedad o sobreponerse a un despido). Sí que es verdad que hay gente que hace ejercicio para perder peso o por cualquier otra recomendación médica. Para ellos el desafío es doble y el mérito también.

Pero a la mayoría nadie nos manda hacer ejercicio y, aun así, empezamos a correr. Algunos nos contentamos con aguantar más de cinco minutos seguidos, otros con concluir una carrera popular y, los más adictos, con hacer un Ironman. Y todos son retos autoimpuestos. ¿Por qué lo hacemos? ¿Somos lerdos? No.

En una vida en la que apenas controlamos nada, correr se ha convertido en un refugio. Una carrera o una sesión de entrenamiento contiene planteamiento, nudo y desenlace; es decir, se despliega como un microrrelato cotidiano que se resuelve... en un chute de endorfinas. Correr lo tiene todo, vaya.

> Un buen rato de entrenamiento satisface momentáneamente tanto las necesidades simbólicas como las químicas de alguien frustrado.

Además de las endorfinas, la dopamina y la serotonina, según los neurocientíficos, también juegan un papel en nuestro placer, en nuestra motivación para hacer las cosas y en nuestro estado de ánimo. Y todas terminan en «ina» porque son cosa fina. Esto último no lo dicen los neurocientíficos, creo.

Lógicamente no basta con esas recompensas químicas para ser feliz (si la felicidad fuera sólo recompensa química y placer estaríamos todo el día comiendo chocolate, corriendo y copulando. *Oh, wait!*).

Pero, en serio, todo lo que hemos dicho en el primer capítulo (el dedicado al camino para ser feliz) vale cuando hablamos de completar una carrera o una sesión de entrenamiento. Es la explicación simbólica —planteamiento, nudo y desenlace— de por qué correr nos produce satisfacción. Por eso tiene especial mérito un tipo de atletas que se pasan por el forro (polar) lo de la narratividad de la carrera —lo de que tengan principio y fin— y practican la más fascinante variedad del *running* que puede existir. Mejor que explicarla yo, prefiero complicaros la vida, amables lectores, y pediros que agarréis el teléfono móvil, instaléis una aplicación para leer códigos BIDI, QR (o como se diga, las hay gratuitas) y escaneéis este código:[10]

Esto del deporte y la felicidad tiene mucha más miga de lo que parece. De hecho, en el primer capítulo habíamos puesto como ejemplo de «camino hacia la felicidad» el de los doce trabajos de Hércules. Lo que no había men-

---

10. No mentéis a mi madre, lectores dilectos. Si habéis conseguido abrir el código y ver el vídeo, enhorabuena. Ahora ya podéis decir que estáis leyendo un libro *transmedia*, que es lo que se lleva ahora; libros en los que lo mismo hay texto escrito, fotos, vídeos, entradas en un blog o incluso una habanera compuesta especialmente para la ocasión.

cionado es que esos trabajos en griego se dicen ἄθλοι, o sea, *athloi*. Cualquiera con un poco de perspicacia ve en esta palabra las glorias inmarcesibles del Athletic de Bilbao... y en general de todo *lo atlético*. Así es: el atletismo tiene un componente de trabajo, de reto o desafío que debe culminarse.

Más guasa tiene el hecho de que etimológicamente la palabra «deporte» signifique casi lo contrario que la palabra «atletismo». Porque el deporte (del latín *deportāre*) hace referencia más bien a «irse fuera» de la ciudad, al campo, a divertirse. Que yo no digo que nos vaya a hacer desgraciados lo de apretarnos un filete empanado y una tortilla de patatas en una tartera —con la ayuda de unos buches de clarete—, pero eso no es atletismo. El atletismo es lo que hace, por ejemplo, Kilian Jornet.

### La meta, los sueños y otras vainas

Quizá ya hayáis oído hablar de él. Kilian Jornet (Sabadell, 1987) es un atleta como la copa de los pinos bajo los que corre y esquía. Su especialidad son las carreras de montaña (una suerte de maratón alpino que se realiza a un mínimo de 2.000 metros de altitud y con una inclinación determinada). Básicamente es triscar por el monte, en ocasiones durante más de 100 kilómetros. Kilian ha ganado la copa del mundo de carreras de montaña tropecientas veces. También ha ganado otras muchas pruebas con nombres que dan miedo sólo de leerlos: la Ultra-Trail du Mont-Blanc, la Diagonale des Fous, la Transvulcania...

Kilian es de esas personas que se sienten incómodas en la gran ciudad. Vive muy dentro la montaña, las puestas de sol, el paso de las nubes. Tiene un concepto especial de la libertad. Y escribe libros. En uno titulado *Correr o morir* (Now Books, 2011) dice lo siguiente acerca de la victoria. Nos sirve para saber por qué corren los que corren:

Ganar no significa terminar en primera posición. No significa batir a los demás. Ganar es vencerse a uno mismo. Vencer a nuestro cuerpo, nuestros límites y nuestros temores. Ganar significa superarse a uno mismo y convertir los sueños en realidad. En muchas carreras he terminado en primera posición pero no me he sentido ganador. Al cruzar la meta no he llorado, no he saltado de alegría y mis emociones no han sido una tormenta desbocada. Simplemente tenía que ganar la carrera, sabía, tenía la seguridad, que llegaría el primero. Sabía que no era un sueño, y en ningún momento mi mente llegó a plantearse qué sería el no vencer. Era fácil, como un cocinero que abre su restaurante por la mañana y sabe exactamente cómo le va a quedar el bistec. No hay ningún reto, ningún sueño del que despertarse al final. Y eso, por lo menos para mí, no es ganar. Al contrario, he visto a grandes ganadores, a personas que se han vencido a sí mismas y que han cruzado la línea de llegada llorando, sin fuerzas, pero no por el agotamiento físico, que también, sino sobre todo por haber logrado terminar aquello que ellos sabían que en el fondo sólo era fruto de sus sueños.

Bonito es un rato, pero vamos a parar el carro y a hacernos preguntas: ¿por qué ganar significa *convertir los sueños en realidad*? ¿Por qué hemos decidido que acabar una carrera *es un sueño*? ¿Por qué no mejor acabar el *Quijote* o *La montaña mágica*, o todos los clásicos de la literatura? ¿Por qué tejer 10.000 patucos en ganchillo no es *convertir los sueños en realidad*? ¿Eso no es vencerse a *uno mismo*? Pero ¿qué es vencerse a *uno mismo* y por qué *hay que vencerse*? ¿Acaso tenemos claro quiénes somos? ¿Nos conocemos tanto como para saber si nos hemos vencido?

Hace un tiempo pude hablar con la psicóloga María Jesús Álava Reyes, autora de libros de autoayuda muy exitosos. Le planteé el problema que subyace a todas estas preguntas: para saber qué nos hace felices primero deberíamos conocernos a nosotros mismos (y así ser capaces de saber qué necesitamos y qué nos conviene). Siempre he creído que uno nunca termina de conocerse.

Por eso me encantó que en A Coruña, a la entrada del Museo Domus-Casa del Hombre (un lugar dedicado a indagar sobre qué es el ser humano), haya una placa enorme en la que figura en una veintena de idiomas —desde el japonés hasta el ruso— una de las frases más importantes de toda la Antigüedad, la que lucía la puerta del templo de Apolo en Delfos: «Conócete a ti mismo». Desde hace milenios el autoconocimiento ha sido un reto que lleva toda una vida. El filósofo francés Voltaire aseguraba en su *Diccionario filosófico* que conocerse a uno mismo sólo está al alcance de Dios...

Para mi sorpresa (y supongo que para la de Sócrates, la de Voltaire y la de todos los filósofos occidentales), María Jesús Álava me dijo que uno puede conocerse a sí mismo en pocos días, que existen técnicas para hacerlo. No me convenció, por la sencilla razón de que yo me sorprendo a mí mismo (para bien y para mal) a diario. Hago cosas que no esperaría de mí mismo. Diría que cada día me desconozco más. Hace un año fumaba un paquete de tabaco al día, no podía correr 100 metros y casi sólo escuchaba música *hardcore*. La semana pasada casi lloro de emoción sobre la cinta de correr oyendo la última canción de Maná (aunque sigo escuchando *hardcore*, gracias a Dios). Así que cambio de opinión como cambio de equipo de fútbol.[11] Ahora me gusta el pepino y antes lo odiaba.

Si alguien dice «Toño es tal», haré todo lo posible para convertirme en lo contrario. En 2006 la banda británica de rock Arctic Monkeys debutó con un discazo cuyo

---

11. ¡Aúpa Athletic *txapeldun*!

título siempre me ha fascinado: *Whatever People Say I Am, That's What I'm Not* (Diga lo que diga la gente que soy, eso es lo que no soy). «Sólo me conozco como sinfonía», escribió el poeta portugués Fernando Pessoa en el *Libro del desasosiego*. Yo creo que poco más sabemos de nosotros mismos: somos una suma de voces (que es lo que significa «sinfonía»). Cada uno de nosotros somos un coro o un Parlamento.

> Somos las voces de nuestros yoes y también somos las voces de aquellos que nos han enseñado algo: familiares, amigos, escritores, músicos... Cada uno de nosotros es un guirigay, qué caray.

Pero, claro, casi todos los libros de autoayuda (incluida la Biblia) necesitan que seamos *de una pieza*, que demos por sentado que somos de *una* manera *siempre* y que sobre esa identidad permanente apliquemos sus técnicas. Pues bien, señores: no sé cómo soy; es más, no quiero ser de una manera determinada. Me niego a definirme. En una ocasión el filósofo Agustín García Calvo, en el turno de preguntas tras una conferencia, me dio una respuesta magnífica a una pregunta que ya he olvidado. Me sonrió y soltó: «No caiga usted en la tentación de ser coherente». Desde entonces me lo aplico al pie de la letra. Pero ¿qué diantres tiene que ver todo esto con el *running*? Pues mucho.

Kilian había mencionado que ganar es «vencer nuestros límites». El concepto de límite es parecido al de «fin», al de «frontera». Los límites nos definen. Así que, si queremos saber cómo somos, nada mejor que acercarnos a nuestros límites. Hacer como los primeros cartógrafos, que desde un barco iban dibujando los contornos de la costa. Admito que correr, y el deporte en general, puede servir para eso. Puede ser un banco de pruebas, en una atmósfera controlada, para saber hasta dónde podemos llegar en otras situaciones de la vida; para acelerar esa aventura que es intentar conocerse a uno mismo.

El ejercicio (aunque sólo sea un poco a la semana) no nos da la felicidad, excepto a personas como Kilian que tienen la suerte de poder realizarse consagrándose a aquello para lo que más valen. El resto de los mortales debemos tomarnos el ejercicio como una herramienta valiosísima que nos ayuda en la tarea de autoconocernos y que nos sirve para aprender que vencer no es cruzar el primero la meta. Oye, ¡y además liberamos endorfinas y se nos queda tipín!

Lo peor que puede pasarnos es que el ejercicio simplemente se convierta en nuestra droga, aquello que nos sirve para liberar tensión, evadirnos y soportar una vida triste. ¿O es que, lectores pacientes, sois como mi hámster Enánidas, girando en una rueda y encerrado en una jaula? De eso nada. No podemos permitirnos correr —ni hacer nada en general— sólo para sobrevivir.

> Somos como plantas: en malas condiciones ambientales, sobrevivimos; en buenas condiciones, florecemos. Crear esas buenas condiciones ambientales para que podamos florecer es nuestra meta.

Por eso alguien dirá que lo de correr está muy bien, pero que si Kilian Jornet es feliz lo es, además, porque vive en el mejor entorno posible, alejado de las grandes ciudades, del ruido, del caos y del estrés. Porque es un afortunado que todos los días está en contacto con la naturaleza. Muchos son los que, pensando así, se han ido a vivir al campo, o al otro lado del mundo, en busca de la felicidad... ¿La habrán encontrado allí?

# 4

## Un neojipi llamado fray Luis de León

### (O de lo complicadísima que es una vida sencilla)

*Society, you're a crazy breed*
*I hope you're not lonely without me.*

EDDIE VEDDER, «Society»,
del álbum *Into the Wild* (2007)

«¡Qué descansada vida / la del que huye del mundanal ruido...!», cantaba fray Luis de León en el siglo XVI. Si a este humanista del Renacimiento le parecía ruidoso el siglo XVI, habría que verlo en el siglo XXI viviendo en una de nuestras ciudades, cada vez más atestadas de gente y de barullo (y de motoristas paletos con el tubo de escape de la moto *picao*). ¿Será llevar una vida sencilla, lejos *del mundanal ruido*, una de las vías a la felicidad?

En 2050 dos tercios de la población mundial —6.000 millones de seres humanos— vivirán en ciudades. Así que si en la caja del supermercado siempre acabáis en la cola que más lenta avanza, imaginaos en 2050: vais a tener que pillar vacaciones en el curro para poder pagar la compra. Eso si tenéis curro. Habrá aún más competencia porque vamos a ser muchos más (en las ciudades). Y también tendréis más probabilidades de que os toque un vecino aficionado al trombón. Puede, incluso, que en el metro lleguéis a lamer alguna axila ajena (espero que involuntariamente).

Se me ocurren miles de razones por las que alguien puede pensar que huir al campo quizá sea la clave para encontrar la felicidad. Por ejemplo: evitarse los tapones de tráfico. Que sepáis que el tiempo medio para ir al trabajo en España es de 57 minutos diarios y donde más se sufre esto es en Madrid y Barcelona: quince días al año consagrados a eso, a llegar al trabajo. Pongamos que vamos a vivir 75 años, pues de todos ellos dedicaréis tres añitos enteros a ir a currar. Son datos de un estudio de La Caixa que, además, asegura que esos desplazamientos nos cuestan a cada uno 1.800 euros al año. ¿Imagináis lo que podríais hacer cada año con quince días libres y 1.800 euros en el bolsillo?

Razones para querer huir de la ciudad no faltan. Por ejemplo: los pantalones de cuadros tipo pirata. En las grandes urbes cuando llega el buen tiempo se ven muchos hombres vistiéndolos. Este dato por sí solo ya justifica un éxodo masivo.

Pero hay más razones para querer dejar las ciudades. Según la Agencia Europea de Medio Ambiente, cada año mueren en Europa prematuramente más de 400.000 personas por contaminación y unas 10.000 por exposición al ruido ambiental (que desencadena enfermedades coronarias y accidentes cerebrovasculares). Sí, como cabía esperar, el *chunda-chunda* de la música del macarra del coche tuneado, el tronar de la motosierra del vecino y las voces de la gente en las terrazas son letales.[12] Casi nada.

Los pantalones *pirata* nos hacen perder la fe en la humanidad.

Cualquiera sepultado en un atasco o estrujado en un vagón de metro oliendo los efluvios del género humano puede pensar que lo suyo más bien sea vivir en un pueblito. Sin complicaciones. Es lo que piensan los neojipis o neorrurales. Y no han sido nada originales, por cierto. Porque cuando decimos que queremos cambiar de vida e irnos al campo a vivir de manera más sencilla en realidad lo que queremos decir es que deseamos necesitar menos

12. Supongo que éste es un punto a favor de los mimos callejeros. Me estoy ablandando; quién me ha visto y quién me ve...

para vivir. Y éste es un deseo muy viejo (y típicamente urbano, por cierto).

UN TONEL DE FELICIDAD

Hubo un legendario personaje que logró ser feliz sin usar en su vida una plancha para alisar el pelo, ni una máquina para practicar regatas de remo en casa, ni mucho menos una tostadora. Se llamaba Diógenes de Sinope, vivió en el siglo v antes de nuestra era y dormía desnudo dentro de un tonel. Toma ya vida sencilla. Diógenes pensaba que para ser feliz lo que había que lograr era ser autosuficiente. Y ser autosuficiente es más fácil si uno aprende a necesitar pocas cosas.

Se dice que cuando el emperador Alejandro Magno llegó a la ciudad de Corinto quiso conocer a Diógenes. Lo encontró en pelota picada tomando el sol, como un perrillo.[13] El prócer, cuyos territorios abarcaban desde Grecia y Egipto hasta la India (y posiblemente Parla), preguntó con solemnidad al filósofo si podía hacer algo por él. Imaginaos la escena. Sería algo así como Obama dándole a un

---

13. Diógenes pertenecía a la escuela de los cínicos. La palabra «cínico» proviene del griego *kíon*, que significa precisamente «perro». Los cínicos predicaban la vuelta a la naturaleza, a vivir un poco como perros, que necesitan bien poco. Se parecen a los estoicos en esa idea de que para ser felices hay ser autosuficientes.

sin techo la oportunidad de pedirle lo que sea. Diógenes contestó casi con la misma chulería con la que habría respondido uno de los parroquianos del bar de mi barrio. «Sí, puedes hacer algo por mí: apártate, que me estás tapando el sol.» Ahí lo llevas, Alejandro.

Cuando uno piensa en gente que de verdad se retira del mundo y se va a vivir a la naturaleza lo que nos viene a la mente, más que un tío en un tonel, es un ermitaño; tipos duros, que viven con muy pocas cosas, aislados. Quizá en una cabaña de troncos, con camisas de leñador y una moto de nieve. E internet de banda ancha y un apartamento en el Raval o en Malasaña, para cuando se agobian de tanta soledad...

No, en serio: el ermitaño o eremita es el que vive en soledad, como en un desierto. De hecho estas palabras derivan de *érimos* (Ἔρημος), que en griego significa eso: «desierto» (no pongáis cara de que «érimos» es una palabra muy rara porque nuestro término castellano «yermo» deriva directamente de ahí, así que chitón).

En la Biblia se habla de unos cuantos eremitas a los que se agrupó bajo el nombre de Padres del Desierto o Padres del Yermo. Ya quisieran muchas bandas de *death metal* un nombre tan molón. Puedo visualizarlos subidos en una duna con sus guitarras eléctricas y sus luengas barbas mecidas por el viento. Y en otro orden de cosas, ¿qué me decís de lo mucho que se parecen las palabras «desierto» y «desertor»? Un ermitaño es de alguna manera un desertor: deja atrás la vida en común, la convención social, las normas colectivas. Un ermitaño es un *outsider*.

A estos sujetos solitarios que buscan la plenitud en medio de la nada también se les llama «anacoretas», que en griego viene a significar «los separados» (no, no penséis en el típico camping de *roulottes* lleno de hombres divorciados. Ésos no son muy anacoretas, creo. A los anacoretas de verdad se les llama así por esta idea de *separarse* del mundo).

Y hay una última denominación que a mí me ha dejado muy loco. Me refiero al término «asceta». Deriva de *áskisi* (άσκηση), que en griego significa «ejercicio». Por eso, los que hemos estudiado en colegio de monjas (mis monjas eran *muy* geniales, por cierto) nos íbamos *de retiro* a hacer *ejercicios...* espirituales. La verdad es que muy ascetas no éramos. Una vez un compañero se bebió un frasco de colonia.

Total, que en realidad un ermitaño, anacoreta o asceta tiene algo de atleta, sólo que, en vez de ejercitar el cuerpo, ejercita el alma. Y la ejercita para lograr su objetivo: encontrar a Dios o encontrarse a sí mismo, depende de si uno es religioso o si es ateo. También hay ascetas para los que encontrarse a sí mismos es igual a encontrar a Dios, porque consideran que el alma humana es divina. Ese hallazgo de Dios, o de uno mismo, es lo que identifican con la felicidad.

Pero ¿hace falta llevar una existencia tan extrema para ser felices? Porque puede que uno simplemente quiera vivir de manera sencilla, pero sin necesidad de pasar las noches al raso en un risco perdido. Además,

¿de qué vive un anacoreta?, ¿cómo se hace uno autosuficiente? Lo idílico es imaginarse en una cabaña confortable, con un huertito cerca, junto a un lago nutrido por arroyuelos de abundante pesca y cristalinas aguas. Pasaríais dos años, dos meses y dos días viviendo así? Yo conozco a uno que lo consiguió.

## El «protohipster»

Henry David Thoreau se lo montó pero que muy bien. El 4 de julio de 1845 se mudó a una cabaña que había construido él mismo junto a un lago, en Concord, Massachusetts, y allí se dedicó a cultivar la tierra y a dar paseos. Pero paseos de verdad: «Creo que no podría mantener la salud ni el ánimo sin dedicar al menos cuatro horas diarias, y habitualmente más, a deambular por bosques, colinas y praderas, libre por completo de toda atadura mundana», dejó escrito en librito titulado *Caminar*.

No creáis que la cabaña estaba en el quinto pino, no. Estaba a tres kilómetros de la casa de sus padres y en los terrenos de su buen amigo el poeta y filósofo Ralph Waldo Emerson. El libro en el que Thoreau dejó escrito todo lo que aprendió en soledad se titula *Walden* (como la laguna junto a la que estaba su cabaña). En sus páginas reflexiona sobre la sociedad, la economía, el individuo, el sentimiento de pertenencia a un lugar, el progreso. Total, que esos dos años y pico le dieron para escribir uno de los más célebres ensayos de la cultura estadounidense (y un libro fundamental para entender, entre otros, el movimiento libertario y el ecologismo).

Henry David Thoreau en 1861
(si esa barba no es de *hipster* que venga Dios y lo vea).

Pero Thoreau no fue el único. Son muchos los filósofos, poetas, escritores y artistas que se han retirado a cabañas para pensar: Virginia Woolf, Ludwig Wittgenstein, George Bernard Shaw, Gustav Mahler, Martin Heidegger... De hecho, hay un libro en castellano que se titula precisamente *Cabañas para pensar* (Fundación Luis Seoane, Maia Ediciones, 2011), en el que se describen muchos de estos ejemplos de arquitectura íntima. Y en el prólogo a ese libro se cita a Nietzsche, quien desde el pueblo suizo de Sils Maria escribe: «¡Ay, cuántas cosas están aún escondidas dentro de mí y quieren convertirse en palabras y forma! ¡No hay en torno a mí silencio, altitud y soledad suficientes para que yo pueda percibir mis voces más íntimas! Me gustaría tener dinero suficiente como para poder construirme aquí una especie de cabaña ideal».

En el pueblecito de Ojén, Málaga, visité a una especie de ermitaño que vive alejado en una casita (casi una cabaña, sólo un poco más grande). Tiene unos sesenta años, pelo y barba largos y blancos y se pasa el día desnudo junto a un arroyo rodeado de bosque. Balta (diminutivo de Baltasar) se crió en Zamora y, de mozo, fue pastor y jornalero. Allí le cogió el gusto a la vida en soledad. De hecho, en la ciudad no le fue demasiado bien y en cuanto pudo se retiró a Ojén.

Balta es *crudivegano*. No come ningún alimento de origen animal. Bebe agua del arroyo y se alimenta de lo que da su huerto. Ha plantado muchas variedades de aguacate, que es un fruto rico en grasas. Se gana la vida como chamán. La gente va a visitarlo en busca de ayuda. Yo no creo en este tipo de terapias esotéricas —y a mí no me sugirió someterme a ninguna de ellas—, pero sí consiguió algo impensable. Cuando le hice ver que para vivir en soledad había que ser muy valiente y vencer el miedo, me dijo que todo el mundo es valiente si no tiene más remedio que serlo. Y me retó.

No estábamos solos. Estaban David y Fede (productor y camarógrafo de la serie de documentales que estábamos grabando) y también había una chica colombiana a la que no conocía de nada. Había viajado desde su país para que Balta la tratara.

El chamán quiso demostrarme que yo también era valiente y me retó a que me desnudara (como desnudo iba él). Debía quitarme la ropa delante de los demás y, por lo tanto, delante de la cámara: me vería todo el mundo por la tele. No sé si fue el entorno o qué —hacía un día precioso, nada de frío, y ya llevábamos un rato hablando sobre el concepto de libertad y de los condicionamientos de la vida en sociedad—, pero el caso es que vencí la convención social de que *hay que ir vestidos por el mundo* y me quité la ropa. Un gesto simple, pero muy liberador. El vídeo está en YouTube (y aviso desde ya que ahora estoy mucho más cachas, aunque la barriga cervecera se resiste a desaparecer).

Supongo que Balta experimenta a diario algo de lo que también habló Thoreau en *Walden*: la liberación de las convenciones sociales, el hecho de que nadie te juzgue, el poder estar a solas con uno mismo. Pero no todo el mundo es capaz de vivir en soledad. Por eso quizá prefiramos algo intermedio: la idílica vida en un pueblecito...

Pues que sepáis que esa vida tampoco es tan fácil como la pinta la gente estresada de la ciudad. Si no, que se lo pregunten al último pastor de la aldea soriana de San Felices...

## ¡Qué estrés... (rural)!

Jesús Ángel Guerrero no sabe lo que son las vacaciones. 365 días al año, caiga un sol de justicia, haga frío, llueva o nieve, él tiene que sacar a sus ovejas a pastar. Es el último pastor de San Felices, un pueblo de Soria que cuenta con menos de cien habitantes. Jesús Ángel pasa todos los días unas once horas en absoluta soledad. Él asegura que no se cambiaría por nadie, que le gusta ser libre como los pájaros. Casi no ha viajado (cuando hizo la mili y poco más), pero ahora está abierto al mundo porque tiene un *smartphone* y un perfil en la red social facebook, donde sube fotos de sus jornadas: el paisaje soriano y sus ovejas. Cuando escribo esto, Jesús Ángel tiene 169 amigos virtuales que le dejan comentarios en las fotos. Supongo que le hacen una enorme compañía.

Eso es todo, porque el resto de sus once horas de trabajo diarias tiene que estar pendiente de decenas de ovejas: que no se pierdan, que no enfermen y mueran, que no queden desatendidas... ¿Os imagináis absolutamente atados a algo once horas al día todos y cada uno de los días del año?

Así vive Jesús Ángel en el idílico pueblo de San Felices (que lo es, es un pueblo precioso), pero como en tantos otros ya no hay escuela, ni tiendas, ni casi de nada. Unas casas rurales muy chulas, eso sí, cada una con su bar, y poco más. Si uno quiere comprar algo un poco especial —yo qué sé: un cable USB o una ración de nachos con guacamole...—, tiene que coger el coche e ir a algún pueblo cercano más grande o hasta una ciudad. Y la mayoría de los habitantes ya no tienen edad para conducir. Fijaos cómo ha caído la población en el pueblo entre el año 1900 y 2010:

**Gráfica de evolución demográfica de San Felices (Soria) entre 1900 y 2010**

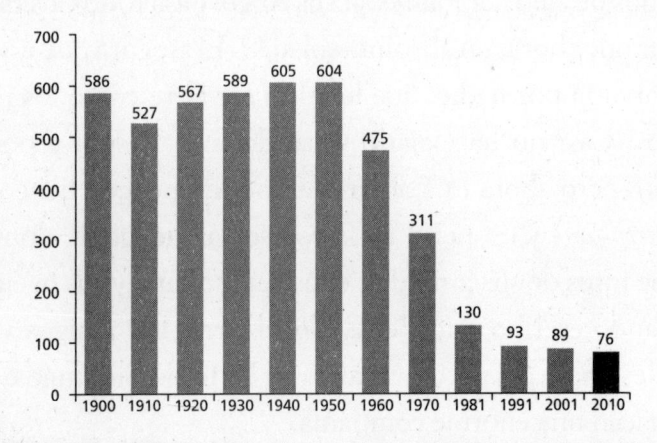

| Año | Población |
|---|---|
| 1900 | 586 |
| 1910 | 527 |
| 1920 | 567 |
| 1930 | 589 |
| 1940 | 605 |
| 1950 | 604 |
| 1960 | 475 |
| 1970 | 311 |
| 1981 | 130 |
| 1991 | 93 |
| 2001 | 89 |
| 2010 | 76 |

■ Población de derecho (1900-1991) o población residente (2001) según los censos de población del INE.
■ Población según el padrón municipal de 2010 del INE.

La vida de Jesús Ángel es la de muchos ganaderos, agricultores y jornaleros. Si los jóvenes de los pueblos decidieron marchar a la ciudad sería por algo, ¿no os parece? Hacer el viaje contrario (irse a vivir al campo) está muy bien... si uno tiene seguridad económica y, además, la seguridad de que podría vivir en otro sitio. Sin embargo, si uno *está obligado* a vivir en un lugar pequeño, la cosa ya se ve de otra manera. No todo el mundo está hecho de la pasta de Jesús Ángel. Él tiene mucho en común con Diógenes y los filósofos estoicos. Su sabiduría se resume en esta frase que me soltó como quien no quiere la cosa: «Yo necesito poco».

Lo normal es pensar que la vida en las ciudades nos obliga a necesitar muchas cosas. Sobre todo más dinero, porque todo es más caro en la gran ciudad. Y para tener más dinero hay que trabajar más (vale, dejad de reíros, ya sé que se puede ganar mucho dinero sin deslomarse a trabajar, pero ni vosotros ni yo somos de ese tipo de gente).

> Quizá ésa sea la clave: no conseguiremos la felicidad yéndonos simplemente a vivir a un risco o a un pueblo remoto... A lo mejor, aunque vivamos en una gran ciudad, lo que tenemos que aprender es a necesitar menos.

Pero hay quien toma una decisión aún más drástica que cambiar la ciudad por el campo. Hay quien simplemente decide huir. Personas que realizan un viaje a algún lugar lejano para poner tierra de por medio con los problemas. A veces hasta nos lo recomienda el médico: ¡cambie de aires! Hay quien incluso decide no echar raíces nunca, llevar una vida nómada. De momento, si os animáis, meted este libro dentro de la mochila y vámonos de viaje. Y no, no pienso prestaros mi hilo dental.

# 5

Mochileros y aventureros, estáis perdidos
(O dicho de otra manera: ¿hace falta huir?)

*Quien compra nuestro billete,
compra la felicidad.*

Orquesta Mondragón,
«Viaje con nosotros»,
del álbum *Bon Voyage* (1980)

En 1929 y con sólo diecinueve añitos, un chaval que vivía en Nueva York y se llamaba Paul Bowles sacó un billete de barco para París. Se marchó sin decir nada a su familia. El joven Paul, que luego se haría mundialmente famoso por su novela *El cielo protector*, no compró un billete de vuelta. Ésa, queridos lectores, es la gran diferencia entre un turista y un viajero.

Da igual el número de bolsillos que tenga vuestro chaleco color caqui. Da igual si habéis comprado pastillas potabilizadoras en el bazar chino de debajo de vuestra casa. Da igual, incluso, si os vais a hacer una ruta a pie entre Tomelloso y Ulán Bator: si tenéis previsto el retorno, no sois viajeros. Y no pasa nada, ¿eh? Pero aquí vamos a hablar de aquellos que buscan la felicidad no sólo cambiando de sitio, sino también cambiando de vida.

Cuando Paul Bowles se fue de casa y recaló en París, mucha gente pensó que huía de algo. Ésa es la motivación de buena cantidad de viajeros: no tanto encontrar la felicidad como huir de la desgracia. Bowles, años después, diría que no estaba huyendo de nada, sino *corriendo hacia algo*, aunque en aquel entonces todavía no supiera exactamente hacia qué. Este pensamiento de viajar *hacia lo desconocido* se parece a una célebre frase del ensayista francés (y gran viajero) Michel de Montaigne. Sólo que Montaigne la dijo en el siglo XVI: «A quienes me preguntan la razón de mis viajes, les contesto que sé bien de qué huyo pero ignoro lo que busco». Como ya habréis adivinado, nunca encontraríais a Bowles y a Montaigne en la Riviera Maya. Ellos fueron viajeros, no turistas.

Todo incluido, *my friend*

Pasé un año en Berlín y, en mitad del crudo invierno, a 16 grados bajo cero, una mañana paró ante mí un autobús con publicidad de las Canarias. Casi lloro. Ese sol y esas playas españolas, que durante años habían sido absolutamente familiares para mí, me parecieron entonces —en esa ciudad de nieve sucia y escasas horas de luz— un lugar irreal. ¿Quién podría ser infeliz en las Canarias? Pues en realidad un montón de gente, como en cualquier sitio.

La sensación que tuve en Berlín es la misma que uno tiene cuando repasa los catálogos de paquetes turísticos: esos cocoteros que se inclinan sobre aguas cristalinas y arenas casi tan blancas como la sal. Nos parece la imagen de la felicidad. Para mucha gente visitar un *resort* del Caribe, con una pulsera que da derecho a la barra libre, es lo más parecido al paraíso. Muchos ni salen del complejo hotelero, sobre todo porque a menudo la diferencia entre el lujo del *resort* y la realidad del país en el que se encuentra el antedicho es abismal. Los turistas de *resort* viven en una especie de limbo y pagan por una ración de irrealidad.

El tiempo se detiene: no hay atascos, ni jefes, ni niños chillones (si uno los tiene, puede mandarlos con los animadores del hotel). No hay muerte ni enfermedad, ni pobreza ni clases sociales... Es más: tampoco hay suegros. Sólo bufete y barra libre. Y quizá unos monitores de zumba de buen ver. Y encima nos hacen la cama y nos limpian la habitación. ¿Qué más se puede pedir? Podemos ser como bebés grandes y dedicarnos a dormir y a mamar de la gran teta del turismo de masas.

Un *resort* turístico podría entrar en la categoría de lo que el antropólogo francés Marc Augé llamó «no-lugares». Construcciones en las que nadie permanece, nadie echa raíces: como los aeropuertos, las habitaciones de hotel o los centros comerciales. Son espacios sin originalidad, repetibles, previsibles e intercambiables. No hay diferencia entre un *resort* en República Dominicana, otro en Tailandia y otro en México. Son territorios extirpados de su entorno y de la historia. Podremos decir que hemos estado en República Dominicana, en México o en Tailandia, pero ni República Dominicana ni México ni Tailandia habrán estado en nosotros.

El *resort* tiene un gran éxito, además, porque no requiere ninguna destreza. No plantea ningún desafío: no hay por qué abandonarlo, no hay por qué interesarse por nada de lo de fuera. Uno es *alguien* por el hecho de llevar una pulsera. No hace falta labrarse una reputación, tampoco se pone en evidencia nuestra incultura o nuestro hastío ante el arte y la arquitectura (cualidades que quedan fatal cuando uno hace un viaje cultural). Es probable que en la tumbona de al lado, además, esté nuestro carnicero tostándose al sol. Todo gente *normal*, gente como nosotros. Qué peñazo.

En ese limbo, que es un paréntesis especial y temporal, mucha gente se siente feliz porque también es un paréntesis de uno mismo, o al menos eso nos hace creer el prospecto. Gracias a los daiquiris, el spa y los masajes vamos a poder olvidarnos de nuestro yo estresado, reprimido y asustado y vamos a redescubrirnos... Vamos a poder ser como realmente somos. Vuelvo a la pregunta: pero ¿cómo diantres somos realmente?

¿Nunca os ha pasado que volvéis de vacaciones y alguien os dice: «Qué buena cara tienes»? Bueno, pues esa cara excepcional, ese lustre y ese brillo en los ojos son los que deberíamos tener todo el año si realmente fuésemos dueños de nuestras vidas.

Porque nos pasamos la vida mustios, como mustios

se pasan la vida los animales del zoo, que viven en cautividad. La cautividad no le gusta a nadie, excepto a los perros falderos. ¿Queréis saber qué cara tendríais si no vivierais en cautividad, si vuestra vida no perteneciera a otros? Pues es la cara que tenéis cuando volvéis de un viaje.

Reconozco que esas escapadas de encefalograma plano tienen una virtud (si es que se le puede llamar virtud): como en el caso de aquellos que corren para liberar tensión, esos otros que viajan para evadirse temporalmente de la realidad consiguen recargar un poco de energía para volver y soportar la cruda realidad. Esos viajes turísticos no nos dan la felicidad; lo que hacen es darnos un poco de oxígeno para seguir sobreviviendo. Tienen algo de autoengaño. Alguien dijo, creo que fue el filósofo Hegel, que sólo quien ha visto amplios horizontes puede disfrutar del encierro en su dormitorio. Algo de eso hay.

La felicidad absoluta, si existe, no está pues en ese viaje turístico, de evasión. A nosotros nos interesan otro tipo de viajes: los que nos convierten en otra persona.

> No sé si os habéis dado cuenta pero, si no estáis dispuestos a cambiar, no importa lo lejos que os vayáis. Os llevaréis de compañero a vuestro principal problema: vosotros.

Los tipos aventureros son los que toman las riendas de su vida. El poeta Hölderlin (que era amigo de Hegel, por cierto) dejó escrito algo bello y enigmático: «Allí donde crece el peligro crece también la salvación». Un *coach*[14] de los de ahora diría que para ser feliz hay que salir de la zona de confort (la rutina en la que te sientes seguro).

Viajar de verdad —como hacen los aventureros— proporciona el mayor cóctel de sensaciones asociadas al concepto de felicidad, pero ojo: también al de desgracia. Todo depende del viajero. Habrá para quien sea un aliciente la pérdida de las raíces, el anonimato, comunicarse en lenguas extrañas, comer alimentos exóticos, conocer culturas ajenas, vivir sin rutina, sumergirse en lo desconocido... y habrá para quien esas mismas cosas sean una auténtica tortura. Hay personas que aman su terruño y su rutina, personas sin curiosidad, con poca curiosidad o con otro tipo de curiosidad...

Y si os fijáis, cuando decimos «Fulanito es curioso», decimos dos cosas a la vez: que Fulanito es alguien que siente curiosidad y, también, que Fulanito es alguien interesante, alguien que *despierta* curiosidad. Quien tenga la autoestima baja y quiera recibir un poco de atención, ya sabe lo mejor que puede hacer: empezar a interesarse por lo que le rodea.

---

14. Sólo por divertirnos, alternativas a la absolutamente innecesaria palabra *coach*: asesor, consejero, maestro, mentor, tutor, entrenador, preparador, guía... Pero no, hemos tenido que quedarnos con *coach*. El mundo se va a pique, y merecemos lo que nos pase, os lo digo yo.

> El mundo será indiferente hacia nosotros si nosotros somos indiferentes hacia el mundo.

Salir a la aventura significa literalmente salir *a lo que venga*. Así que ser aventurero supone estar dispuestos y abiertos a lo desconocido. Es una actitud mental que no implica necesariamente cambiar de lugar, aunque en realidad nunca dejamos de movernos. El paso del tiempo (sea lo que sea el tiempo) implica sobre todo una alteración en el espacio. El espacio en torno a nosotros, el contexto, no deja de cambiar. No hace falta que cambiemos de sitio; el sitio cambia por nosotros, queramos o no. En realidad, un mismo lugar es de una u otra manera según quien lo perciba, pero no me voy a sumergir en pedanterías ontológicas, porque me aburro. Mejor hablemos de vuestro tío.

¿No tenéis el típico tío que os cuenta un simple viaje en ascensor y parece que ha vivido la mayor peripecia de la historia? Seguramente él siente que la ha vivido y su relato da fe de ello. Otra persona que a lo mejor iba en ese mismo ascensor (otra persona sin esa capacidad para entusiasmarse, asombrarse y para establecer conexiones y relaciones sociológicas y culturales) quizá ni siquiera se acuerde del trayecto en ascensor. ¡A lo mejor estamos viviendo una aventura y no nos estamos dando cuenta! Es un extraño fenómeno, pero es real.

> Cuantas más experiencias ha vivido uno —más libros ha leído, más pelis ha visto, a más personas ha conocido—, más capacidad para detectar y vivir aventuras nuevas tendrá.

Así que, si uno es un muermo y además es un poco zote, ya pueden soltarlo en la plaza Roja de Moscú o ante el Perito Moreno, en la Patagonia, que se quedará frío. Sé de primera mano de un joven que durante un Interrail (esos viajes en tren, para mochileros) y contemplando San Pedro de Roma, sólo pudo articular: «Aquí han tenido que currárselo *mazo*». Y así todo el viaje por la Ciudad Eterna. Más de dos mil años de historia reducidos a: «qué pasada», «se sale», «está supercurrado», «es *mazo* de viejo», etcétera. Pero, de la misma manera, alguien con mucha cultura y curiosidad puede viajar sin necesidad de moverse de casa.[15] Es lo que hizo durante cuarenta y dos días Xavier de Maistre.

### Aventura trepidante en la mesa camilla

Hay que ser muy *crack* para escribir *Viaje alrededor de mi habitación*. En 1794, el soldado saboyano Xavier de Mais-

---

15. Y sin necesidad de fumar *cigarritos de la risa*, ojo.

tre tuvo que pasar cuarenta y dos días en arresto domiciliario en Turín, tras haberse batido en duelo por un *affaire* amoroso. Ese mes y pico, acompañado de su criado y de su perra Rosine, lo dedicó a viajar con la mente y a escribir cosas como ésta:

> ¿No es el deseo eterno y nunca satisfecho del hombre el de aumentar su poder y sus facultades, el querer estar donde no está, recordar el pasado y vivir en el futuro? Quiere ordenar ejércitos, presidir academias, quiere ser adorado por las bellas, y si posee todo esto, añora entonces los campos y la tranquilidad, y envidia la cabaña de los pastores: sus proyectos y esperanzas se topan sin cesar contra las desgracias reales inherentes a la naturaleza humana; no sabría encontrar la felicidad. Un cuarto de hora de viaje conmigo le mostrará el camino hacia ella.[16]

A lo largo de los cuarenta y dos capítulos (uno por día) que constituyen el librito, De Maistre habla de lo divino y lo humano, dialoga con filósofos y evoca recuerdos... pero en realidad lo que está escribiendo es un canto a la liber-

---

16. Xavier de Maistre, *Viaje alrededor de mi habitación*, trad. Puerto Anadón, Madrid, Funambulista, 2007, cap. IX, pp. 28-29. (A ver si creíais que no iba a ser capaz de hacer una nota al pie como Zeus manda. Listos.) En esta sola cita —además de alguna machistada, como lo es hablar sólo de *los hombres* y citar a «las bellas»— hay cantidad de conceptos que hemos ido viendo. ¡Si hasta habla de las cabañas de los pastores!

tad y a la autonomía personal. Por eso invita a los enfermos, a los perezosos, a los presos (a todos los que no pueden o no quieren moverse del sitio) a que viajen con él.

Cuando por fin recibe permiso para abandonar la habitación, De Maistre se muestra muy triste y se despide del «encantador país de la imaginación». Y tiene unas palabras para los que lo han mantenido encerrado: «Me prohibieron recorrer la ciudad, pero me dejaron el Universo entero: la inmensidad y la eternidad están a mis órdenes».

Lo que demuestra con este librito es que, en realidad, nada puede poner cerco a la mente y a la voluntad humana: ni la tiranía, ni la enfermedad... Ni siquiera la muerte. Por algo decimos que los grandes escritores son inmortales. Su voz y su pensamiento siguen vivos aunque sus cuerpos no lo estén.

Y hablando de los grandes, si ahora yo voy y digo que uno de los filósofos estadounidenses más importantes del siglo XX se crió en Ávila, quizá alucinéis, pero es verdad. Era muy viajero, y se llamaba Jorge Agustín Nicolás Ruiz de Santayana y Borrás, pero ha pasado a la historia del pensamiento como George Santayana. Nació en Madrid, creció en Ávila, se afincó en Boston y murió en Roma. Viajó mucho y, entre sus textos para ser publicados póstumamente, dejó uno titulado *Filosofía del viaje*. Sólo tiene cinco páginas y es una delicia. En 1964 lo publicó la *Revista de Occidente* y más recientemente, en internet, la revista *A Parte Rei*. Si queréis descargarlo en PDF (sólo pesa 99 KB) escanea este código, anda:

De todo lo que dice Santayana, lo más interesante es lo que se refiere a los grandes buscadores de la felicidad a través del viaje, que no son otros que los emigrantes:

> La forma más radical de viajar, y también la más trágica, es la migración. Cuando el alma contempla el lugar en que nació, acaso se encoja disgustada; puede hallarlo estéril, amenazador o feo. La misma repulsión de lo contemplado puede hacerle concebir un negativo, un contraste, un ideal: soñará con El Dorado y la Edad de Oro, y antes que soportar los males que la afligen huirá a cualquier lugar desconocido. Tal esperanza no es necesariamente engañosa. En el viajar, como en el hacer, el interés puede anular la incomodidad de encontrarse en un ambiente extraño; la soledad y la libertad del mundo abierto pueden resultar más estimulantes que heladoras. No obstante, la migración, así como el nacer, es un acto heroico: el alma cede formalmente su seguridad a cambio de un cheque en blanco. Un animal social como el hombre no puede cambiar su medio ambiente sin mu-

dar de amigos, ni puede cambiar de amigos sin alterar sus modales y sus ideas [...]. El exiliado, para ser feliz, tiene que nacer de nuevo, debe cambiar su clima moral y el paisaje interior de su mente.

Así que cualquier auténtico viaje, con o sin desplazamiento, ha de ser un renacer, una reinvención de uno mismo. Y los emigrantes son el mejor ejemplo de que, en realidad, toda vida es un viaje (y que vivir y viajar son la misma cosa). Es una metáfora muy manida, porque es cierta.

Nacemos y morimos como hace el sol cada día, viajando por el cielo como nosotros viajamos por la Tierra durante nuestra existencia.[17] Como los delfines que saltan de la nada que es el mar para volver a ella. Como el viajero que cruza un puente de una orilla a otra...

Quien parte en busca de El Dorado, del Paraíso o de la Edad de Oro, en realidad viaja en busca de la felicidad. El final del viaje será, entonces, aquel sitio donde no echemos nada en falta, donde no añoremos ni necesitemos absolutamente nada. Todos hemos estado en ese sitio. Yo tengo muy claro cuál es y quizá vosotros ya lo

---

17. No me toméis al pie de la letra. Para mí no es evidente que exista un mundo *fuera* de cada uno de nosotros. Yo tiendo a pensar que más bien vivimos *dentro* de construcciones lingüísticas, y que lo que llamamos «realidad» no es más que la ficción más comúnmente aceptada. Pero ésa es mi movida y ahora no toca extenderse sobre ello.

sospechéis, pero sigamos viajando un poco, porque no se trata sólo de llegar, sino de ser felices en el intento (si es que es posible).

Una vida feliz será lo mismo que un viaje feliz. Quizá el emigrante arquetípico, el viajero en el que todos podemos vernos reflejados, sea Ulises. En su viaje de regreso a la isla de Ítaca, su hogar, queda patente esa identidad entre el viaje y la vida. De alguna manera Ulises nos recuerda que todos somos viajeros, aunque no todos hayamos cultivado la capacidad para disfrutar de la aventura de vivir. Esa capacidad hay que aprenderla.

En 1911, el poeta Konstantino Kavafis escribió un poema inspirado en el viaje de su compatriota Ulises. Lo tituló «Ítaca», y es un curso acelerado para entender la vida y aprender a disfrutarla. Os lo pego aquí:[18]

### Ítaca

*Si vas a emprender el viaje a Ítaca,*
*pide que tu camino sea largo,*
*rico en experiencias, en conocimiento.*
*A Lestrigones y a Cíclopes,*
*al airado Poseidón nunca temas,*
*no hallarás tales seres en tu ruta*

---

18. Konstantino Kavafis, *Poesías completas*, trad. José María Álvarez, Madrid, Hiperión, 1976, pp. 46-47. (Ya van dos notas serias; debería empezar a miraros por encima del hombro, ¿no?)

si alto es tu pensamiento y limpia
la emoción de tu espíritu y tu cuerpo.
A Lestrigones y a Cíclopes,
ni al fiero Poseidón hallarás nunca,
si no los llevas dentro de tu alma,
si no es tu alma quien ante ti los pone.

Pide que tu camino sea largo.
Que numerosas sean las mañanas de verano
en que con placer, felizmente
arribes a bahías nunca vistas,
detente en los emporios de Fenicia
y adquiere hermosas mercancías,
madreperla y coral, y ámbar y ébano,
perfumes deliciosos y diversos,
cuanto puedas invierte en voluptuosos y delicados
[perfumes;
visita muchas ciudades de Egipto
y con avidez aprende de sus sabios.

Ten siempre a Ítaca en la memoria.
Llegar ahí es tu meta.
Mas no apresures el viaje.
Mejor que se extienda largos años;
y en tu vejez arribes a la isla
con cuanto hayas ganado en el camino,
sin esperar que Ítaca te enriquezca.

*Ítaca te regaló un hermoso viaje.*
*Sin ella el camino no hubieras emprendido.*
*Mas ninguna otra cosa puede darte.*

*Aunque pobre la encuentres, no te engañará Ítaca.*
*Rico en saber y en vida, como has vuelto,*
*comprendes ya qué significan las Ítacas.*

Casi da reparo escribir después de leer a Kavafis. Aunque si eres como mi amigo ese del Interrail, este poema te habrá parecido *mazo de cursi* y no te habrás pispado de nada. Pues que sepas que la metáfora de la vida como un viaje en busca de la felicidad nos ha ido acompañando durante todo este libro.

Al fin y al cabo, cuando al principio hablé del camino hacia la felicidad, hablé de un viaje. También cuando los charlatanes nos venden la moto soltándonos un discurso (los viajes, como los relatos, *discurren*...) y cuando decimos que nos gusta correr porque una carrera es narrativa y tiene planteamiento, nudo y desenlace...

Los libros son viajes y todo viaje comienza en un libro. La *Odisea*, el *Ramayana*, el *Quijote*, *Las uvas de la ira*... De manera más o menos explícita, todas las grandes obras de la literatura —y del cine— son viajes. En la Biblia se narran unos cuantos: desde la expulsión de Adán y Eva del Paraíso (el Paraíso al que todos los occidentales seguimos queriendo volver) hasta el Éxodo del pueblo de Israel o las misiones de los apóstoles que se lanzan a predicar. También las grandes novelas de formación, en las que el protagonista pasa de la niñez a la madurez, ¿qué retratan sino un viaje, a menudo de iniciación?

> Quien lee, viaja. Y quien escribe, también. Vosotros y yo, ahora mismo, estamos compartiendo un rato de nuestros viajes respectivos (aunque no os vaya a prestar mi hilo dental, no insistáis. Haberlo echado en la mochila, ricos).

Hay quien está de acuerdo en que no hace falta moverse para viajar y alcanzar la felicidad. De hecho, hay gente que piensa que, para ser feliz, basta con abrir la boca y comer determinados alimentos (y no, no hablo de setas alucinógenas). ¿Se puede llegar a la felicidad por el estómago? ¿Existen alimentos milagrosos y salutíferos, al margen de la consabida fabada y de los bollos de la Pantera Rosa?

# 6

## Leche sin leche, hamburguesas sin carne y la diosa quinoa

### (¿Es comestible la felicidad?)

*Y no tengo más nada,
sólo muchas ganas de pasarlo bien
y mucha comida buena
y ganas de hacerte feliz.*

Gepe, «Fruta y té»,
del álbum *GP* (2012)

Yo he llorado de alegría comiendo. ¿Nunca habéis comido algo tan rico como para que se os salten las lágrimas? Yo, una vez. En Barcelona. Me zampé una dorada a la sal. Cuando le di el primer bocado me puse a llorar. No sé si fue la dorada, que estaba buenísima, o un poco de todo: la vista del mar desde la mesa, la compañía, el vinito blanco... Pero, claro, repetir esa experiencia a diario es muy difícil. Los tragones como yo somos afortunados porque, aunque no podamos repetir la experiencia de la dorada con facilidad, comer siempre nos supone un placer... y es el único placer que uno puede experimentar cinco veces al día: desayuno, almuerzo, comida, merienda y cena (y no, no os las deis de campeones sexuales, que no cuela). Para la mayoría de nosotros comer es simplemente algo necesario y que nos gusta. Pero hay gente, mucha gente, que deposita en la comida buena cantidad de sus esperanzas para ser feliz: comer menos, comer más, comer sano, comer *guarro*, comer *superalimentos*, no comer según qué cosas... ¿Creéis que existe una dieta que puede traeros la felicidad? Pues hay quien dice que sí...

Antes de nada, ahí va una sarta de perogrulladas (no sea que os acostumbréis a mi refinado pensamiento):

- **Perogrullada 1:** «Para vivir necesitamos que nuestro cuerpo haga sus funciones vitales».
- **Perogrullada 2:** «Para que nuestro cuerpo haga sus funciones vitales necesitamos comer».
- **Perogrullada 3:** «Todo parece indicar que para ser felices necesitamos estar vivos».
- **Perogrullada 4:** «Luego si para estar vivo hace falta comer, y para ser feliz hace falta estar vivo... entonces para ser feliz hace falta comer... TACHÁN».
- Pero claro (**Perogrullada 5**), para ser desgraciado también hace falta estar vivo y, por lo tanto, comer. O sea, que *para ser felices no basta con comer.*

Habrá quien esté esperando ya un listado de alimentos *mágicos* y sus efectos. Pues, de momento, nasty de plasty. Lo que está claro es que una buena alimentación mantiene nuestras defensas fuertes y en buen estado nuestra capacidad para memorizar o para concentrarnos. Nuestro estado de ánimo también se ve alterado por lo que comemos. Hay alimentos que nos bajan la tensión, otros nos la suben, otros nos ponen nerviosos, otros hacen que nos queramos subir a un aparador (si hubierais probado un pimiento habanero, me entenderíais). También hablé, en el capítulo del *running*, de las endorfinas y de cómo el cacao y ciertas comidas picantes también las liberan. Y todo eso está muy bien. Pero hay gente enferma que dice que es feliz y gente sana que es infeliz. Y hay hipotensos felices. E incluso gente que nunca come cacao y que dice que es feliz.

En la comida puede estar la clave para mejorar la autoestima (por ejemplo, perdiendo o ganando peso), pero no siempre mejorar la autoestima es bueno. Por ejemplo: esos pirados que toman todo el tiempo complementos proteínicos para hacer músculo seguro que tienen la autoestima genial cuando se miran las tabletas abdominales en el espejo, pero se están machacando el hígado.

He conocido a mucha gente de esa que se apunta a la última dieta de moda. Gente que hace dietas como quien decide llevar ropa del color de la temporada: que si caldos purificadores, que si ayunos... Recuerdo que en algunos casos les fotocopiaba noticias que hablaban de los efectos perniciosos de la dieta que estaban haciendo y no querían ni oír hablar de ello. En concreto recuerdo un compañero de trabajo de unos cincuenta años y un poco gordito al que tuve que mirar a los ojos y articular muy lentamente: «La Asociación Española de Dietistas dice que la dieta Dukan es ineficaz y fraudulenta». Le dio igual. A la media hora seguía reclamando a una compañera que le pasara por email «la dieta esa».

Es el tipo de persona, y son legión, que para indicar que algo es inocuo te dice que «es natural». Este argumento lo emplean miles de vendemotos de todo tipo de complementos alimenticios, dietas sustitutivas y demás vainas. «No se preocupe, nuestros productos son 100 % naturales.» VAMOS A VER: LA ESTRICNINA ES NATURAL Y MATA. (Sí, estoy gritando. El vecino ya se ha quejado.)[19] Miles de sustancias naturales son letales o perjudiciales. Si uno se hace una infusión de adelfa, que es una planta muy bonita, LA ESPICHA. El monóxido de carbono es natural y si uno lo aspira se muere. Hay infinidad de ejemplos de sustancias naturales que son muy perjudiciales. O sea, que ya basta de esparcir la idea de que algo *natural* es algo *inocuo*.

En fin. Me voy a tranquilizar. Ommmmmmm. Ya está. ¿Por dónde iba? ¡Ah, sí!: pues aquí donde me veis, yo perdí 15 kilos en un año con una dieta puesta por un médico. No tenía que pesar los alimentos y era muy simple. Así que os presento:

---

19. Tengo un vecino (arriba) que estudia oposiciones para juez. Una vez llamó a la policía porque mi perro (que entonces era un cachorro) ladraba mucho, y era verdad, pero conseguí educarlo. Al perro. Pero Dios existe y mi vecino tiene una hija adolescente a la que, en el cole, han puesto deberes de flauta dulce. Espero que a la niña también le pongan deberes de: xilófono, trombón, sierra radial y barrenos.

Emoción

Intriga

Dolor de barriga...

**¡LA DIETA CON LA QUE PERDÍ 15 KILOS!**
(He puesto el título en letra Comic Sans
para que os dé más grima.)

### Desayuno:
Pan con aceite, café con leche desnatada (yo añadía una cucharada de azúcar, soy un vividor, un truhán, un golfillo, lo sé).

### Almuerzo:
Fruta (cuanta quisiera).

### Comida:
Ensalada o verdura, carne o pescado (sin límite de cantidad).

### Merienda:
Fruta (cuanta quisiera).

### Cena:
Ensalada o verdura, carne o pescado (sin límite de cantidad).

### Antes de ir a la cama:
Un yogur desnatado.

Un día a la semana podía volverme loco y comer de todo: salchichón, quesos, longaniza de Vic, panteras rosas, palmeras de chocolate, más queso y más longaniza de Vic... Tengo que decir que perdí 15 kilos y no dejé de tomar cerveza o vinito cuando se terciaba. Y aun así perdí todo ese peso (y eso que por entonces no hacía nada de ejercicio). Según fui adelgazando, me fueron dejando introducir más pasta y arroz en la dieta. Y esto fue todo. Pasé de 84 kilos a 69.

No pongo esta dieta para que la copiéis, sino para que (antes de lanzaros a cometer una estupidez) hagáis algo tan simple como ir a un médico. Ojo, un médico-médico. Alguno se preguntará si he recuperado peso después. Pues sí, pero no los 15 kilos. Y ahora ya sé qué es lo que tengo que hacer si quiero bajar. También os diré que con 15 kilos menos, aunque mi autoestima estaba mejor, no era más feliz que ahora.

### Magia potagia

Impotencia, insomnio, cansancio, dolor, obesidad, flacidez, delgadez extrema, alergia, traumas, ansiedad, culpa, obsesión... La lista de problemas y síntomas físicos y psíquicos a los que culpar de nuestra infelicidad puede ser eterna. Desde que el mundo es mundo, tanto en la ficción como en la realidad, el ser humano ha pensado que determinados alimentos (o combinaciones de alimentos) tienen propiedades curativas y mágicas.

Si eres galo y aquello que te impide ser feliz es una invasión romana, lo que te solucionará la vida es tomar un buen trago de poción mágica del druida Panoramix. Podrás repartir estopa por doquier. Y si lo que quieres es meterte en la madriguera de un conejo, debes beber de la botellita en la que pone «bébeme» y encogerás de tamaño. Y si luego quieres crecer, dale un bocado al pastelito decorado con la palabra «cómeme». A Alicia, la del país de las maravillas, le funcionó.

En el mundo real (sea eso lo que sea), muchos oportunistas se forran aprovechándose de la desesperación e ignorancia de gente incauta. Por ejemplo, la medicina tradicional china dice que las virutas del cuerno del rinoceronte curan la impotencia sexual (aunque está científicamente demostrado que no es así). Resultado: sólo quedan 60 ejemplares del rinoceronte de Java, y florece todo un negocio ilegal de cazadores, intermediarios y distribuidores de polvo de cuerno de rinoceronte. Lo mismo pasa con los huesos del tigre. Hay quien piensa, sin fundamento, que comerlos es bueno para la artritis. Solo quedan 3.200 tigres en el mundo.

Da igual que esté demostrado que ni los huesos de tigre ni el cuerno de rinoceronte funcionan, mucha gente necesita creer (como mi compañero aquel del trabajo, que quería seguir la dieta Dukan a toda costa).

Pero no hace falta irse al lejano Oriente, ni a los libros de *Astérix el Galo* o de *Alicia en el País de las Maravillas* para encontrar culturas que atribuyen propiedades mágicas, milagrosas o sagradas a los alimentos. ¿Os suena de algo una sociedad en la que, tras unos rituales determinados, el pan y el vino se convierten en el cuerpo de Dios?

[Espacio para un respetuoso silencio reflexivo]

Contra los traumas, la culpa y las obsesiones en la Antigua Grecia tenían un remedio chachi. Lo cuenta Homero en la *Odisea*. Los lotófagos eran un pueblo que vivía en una isla donde la planta del loto era el principal alimento y, creedme, uno lo probaba y se olvidaba de todo. A Ulises casi se le desmanda la expedición porque algunos de sus hombres le dieron a los frutos del loto cosa fina: «El que de ellos probaba su meloso dulzor al instante perdía todo gusto de volver y llegar con noticias al suelo paterno; sólo ansiaba quedarse entre aquellos lotófagos, dando al olvido el regreso, y saciarse con flores de loto. Los conduje a las naves por fuerza y en llanto; arrastrelos por la cala y, al fin, los dejé bien atados debajo de los bancos. Al punto ordenaba a mis otros amigos que embarcaran aprisa en las rápidas naves, no fuese que comieran algunos la flor y olvidasen la patria. Diligentes entraron a bordo, pusiéronse al remo y, sentados en fila, batieron las aguas grisáceas».[20]

20. Homero, *Odisea*, trad. José Manuel Pabón, Madrid, Gredos, 1982, p. 229, canto IX.

*El bocata de queso que me estoy zampando sí que cura las penas.*

Claro, si uno lo piensa fríamente, comer loto para olvidar es parecido a beber para olvidar (o utilizar cualquier sustancia para soportar los reveses de la vida). No hace falta ser muy avispado para darse cuenta de que raramente las causas de nuestra infelicidad tienen solución, bebiendo, comiendo... (o dejando de comer). Pero sí que es verdad que nuestro carácter puede cambiar según lo que nos metemos en la boca, sobre todo si es un pimiento habanero...[21]

La dieta del «buen rollo»

La revista femenina *Mujer hoy* publicó en 2014 un artícu-

---

21. Os juro que pica tanto que el cerebro, para compensar el dolor, libera endorfinas... ¡y el gustirrinín que nos dan las endorfinas!

lo titulado así. En él se hablaba de los alimentos ricos en triptófano. Ahora voy a poner voz de científico: el triptófano es un aminoácido y los aminoácidos son necesarios para vivir (para el crecimiento, para reparar tejidos y para muchísimas funciones corporales). El triptófano, en concreto, hace posible la producción de dos sustancias: la niacina (que ayuda al funcionamiento del aparato digestivo, la piel y los nervios) y la serotonina, que es la repera. La serotonina es un neurotransmisor (envía información de una neurona a otra) y está implicada en la calidad de nuestro sueño, en nuestro deseo sexual, el apetito, el humor... Algunos estudios sugieren que las personas que no absorben bien los nutrientes con triptófano son más propensas a la depresión.

Existe un estudio muy elocuente del Servicio de Investigación Agrícola de Estados Unidos que sugiere que si uno alimenta a las cerdas con una dieta enriquecida con triptófano son menos agresivas y más fáciles de manejar. Yo no digo nada, pero ese estudio existe.

Casi todos los alimentos tienen triptófano, unos más y otros menos. Ahora podría poner una lista exhaustiva con los que más triptófano contienen (por ejemplo la clara de huevo, el bacalao, la soja, el queso...) pero no voy a hacerlo; primero, porque podéis buscar en internet; segundo, porque parece ser que para que el efecto del triptófano se potencie hay que combinarlo con otros elementos (vitaminas, carbohidratos...), así que no basta con comer sólo alimentos ricos en triptófano y, tercero, porque uno puede diseñar un régimen superferolítico basado en el triptófano y seguir siendo desgraciado. De nuevo nos encontramos ante una práctica que nos puede servir para aliviar la carga de la vida, o para disfrutar más del día a día... pero eso no basta para ser felices.

El triptófano, por ejemplo, no soluciona que tengamos pesar de conciencia...

### Activistas del paladar

Existen personas para las que tener la conciencia limpia pasa por llevar una alimentación determinada. Esas personas también encuentran satisfacción en la comida, pero en un sentido moral. Los veganos, por ejemplo, no consumen productos (alimentos o artículos) de origen animal. Optar por productos de cultivo ecológico o de comercio justo, o evitar alimentos cuyas materias primas procedan de zonas en guerra, es otra manera de sentirse bien a la hora de sentarse a la mesa.

En los últimos tiempos, y gracias a que cada vez más personas son vegetarianas, veganas o intentan practicar una nutrición responsable, han llegado a las tiendas de alimentación una variedad de productos insólitos y originales: hamburguesas de tofu, leche de arroz, pienso para perros (veganos) e incluso tiras de beicon vegetal o mini chorizos picantes vegetales. Cada vez son menos los productos de origen animal que no pueden ser replicados por un sustituto vegetal...

Uno no puede dejar de tener la sospecha de que, de nuevo, hay cierto oportunismo en estas modas culinarias, pero es un hecho que hay que reducir el consumo de carne. No digo suprimir (que cada cual actúe como quiera), pero hay que comer menos carne. Y no sólo por el sufrimiento animal, ni por una cuestión de salud (ya sabéis lo de las hormonas, antibióticos y esteroides que lleva la carne industrial...). Entre otras cosas hay que comer menos carne porque es insostenible ambientalmente: para producir un filete de ternera hacen falta 7.000 litros de agua, según datos de la ONU. Entre 2010 y 2050 el consumo de carne crecerá cerca del 140 % mientras, cada día, unos 900 millones de personas no cuentan con el agua necesaria para subsistir.

Existen muchos alimentos que pueden complementar una dieta sin carne o baja en carne, pero de todas las alternativas de moda sin duda la más famosa es... ¡LA DIOSA QUINOA! (o *quinua* e incluso *kinua*, que viene del quechua kinúwa o kínua).

Si todavía no habéis oído hablar de ella, pronto lo haréis. Tan importante es este pseudocereal que la FAO (Organización de las Naciones Unidas para la Alimentación y la Agricultura) declaró 2013 como Año Internacional de la Quinoa. Fijaos en sus propiedades. Lo flipas, sobre todo con lo de la NASA:[22]

> La Diosa Quinoa, según la FAO:
>
> - **Adaptabilidad a las condiciones climáticas:** se conocen diferentes variedades de quinoa que crecen en un rango de temperaturas que va de –4 °C a 35 °C.
> - **Resistencia a condiciones adversas:** algunas variedades de quinoa pueden cultivarse en condiciones difíciles por su tolerancia a la sequía y su resistencia a la salinidad. La quinoa crece en las tierras altas y en las bajas, lo que demuestra su versatilidad como cultivo auténticamente inteligente frente al clima.
> - **Bajos costes de producción.**
> - **Respetuoso con el medio ambiente:** la gran capacidad de adaptación a la variación climática y su uso eficiente del agua hace del cultivo de la quinoa una excelente alternativa frente al cambio climático.
> - **Cualidades nutritivas:** la quinoa es un alimento saludable gracias a su elevado valor nutricional. Lo que distingue a la quinoa de otras plantas, excepto las legumbres, es su alto contenido en proteínas. La quinoa contiene todos los aminoácidos esenciales y es rica en minerales, vitaminas, ácidos grasos y otros nutrientes.
> - **Reconocimiento por la Administración Nacional de la Aeronáutica y del Espacio estadounidense (NASA)** como cultivo ideal para su inclusión en posibles misiones espaciales futuras a largo plazo en las que tengan que producirse cultivos en una nave espacial.
> - **Cualidades éticas:** en los Andes, la producción sigue teniendo una base familiar y principalmente ecológica, que le con-

---

22. http://www.fao.org/quinoa-2013/faqs/es/

> fiere una importante imagen de comercio justo. La quinoa promueve una «imagen saludable»: integral, comercio justo y producto ecológico. Su producción ha incrementado los ingresos de los agricultores de menores ingresos del semiárido altiplano andino, especialmente en los últimos años.

¿Increíble, no? Y encima tiene todos los aminoácidos esenciales (¡incluido nuestro delicioso triptófano!). Junto con la quinoa están popularizándose otros productos: la chía, la maca, la jícama, la stevia, el kelp, la spirulina... Unos son bacterias, otros algas, otros pseudocereales. Hay de todo.

Es curioso el hecho de que, entre los muy flipados con el *running*, los corredores de triatlón, Ironman y ultramaratón, esté surgiendo la moda del crudiveganismo (personas no sólo veganas, sino que además no cuecen los alimentos). ¿Podéis imaginaros la chapa que son capaces de llegar a dar combinando sus gestas atléticas y sus gestas alimentarias, contándonos lo plenos, equilibrados y felices que son...? ¡Posiblemente incluso os pasen vídeos de alguna charla TED al respecto!

Por cierto, si sois uno de ellos: ¡bienvenidos! Seguid leyendo... porque seguramente también necesitaréis alimento para la mente y estaréis interesados en esas disciplinas mixtas tan de moda, entre otras el yoga, la meditación, el *mindfulness*... ¿Se esconderá ahí por fin la felicidad plena? Ommmmmmmmmmmmmmmmm.

# 7

## Yoga, pilates... cuerpos, mentes y *mindfulness*

### (Hacia la felicidad por la flexibilidad)

*Give me your body*
*Just give me your body*
*Give me your body*
*Don't talk.*

Queen, «Body Language»,
del álbum *Hot Space* (1982)

Los que somos aún menos flexibles que un bloque de granito sentimos una malsana envidia por esta gente que se puede tocar la punta de los pies sin flexionar las rodillas. «Mira lo que hago», dicen. Y te lo enseñan. «Inténtalo tú», dicen. Y ponen cara de expectación. Uno lo intenta. «No, mira, así», responden. Y repiten la hazaña con insultante facilidad. Entonces uno vuelve a intentarlo. Resuella, rezonga, refunfuña, resopla (y conjuga muchos otros verbos que empiezan por «re»), pero nada. Entonces el Flexible —ese ser superior— sonríe o se parte de risa (depende de lo capullo/a que sea). «Es muy fácil, tú practica, pero si no puedes no pasa nada, hasta donde llegues.» ¡Y encima condescendencia! En estos casos siempre me viene a la cabeza la misma pregunta: ¿para qué necesito yo, exactamente, en mi vida diaria, en mi quehacer cotidiano, ser capaz de tocarme la punta de los pies sin flexionar las rodillas?

En yoga a esa postura se le llama *paschimottanásana*,[23] del sánscrito पश्चिमोत्तानासन. En castellano, esa postura recibe el nombre de «la pinza». Y se puede hacer de pie o sentado. Entonces nuestro cuerpo adopta una forma que recuerda lejanamente a la de una pinza. Es glorioso, aunque en mi caso la forma que mi cuerpo adopta recuerda más a bien a la de una alcayata. ¡Cáspita! ¡Alcayata es con «y» griega! Nunca había escrito esta palabra y no recuerdo haberla leído, así que es toda una sorpresa... (Por cierto, aprovecho para confirmaros algo de lo que ya os habréis dado cuenta a estas alturas del libro: me encanta usar los paréntesis, y cuanto más largos y más tendentes a hacer que el lector pierda el hilo de lo que le venía contando, mucho mejor. También me encantan los puntos suspensivos...)

Pero ¿por qué cada vez más gente se apunta a disciplinas para mejorar la flexibilidad —pilates o yoga— y luego, además, se suman al rollo mental —meditación, *mindfulness*...—? ¿Han *perdido la paschimottanásana* (pinza)? ¿O quizá lo hacen precisamente para *no perderla*?

> Una cosa tengo clara (y se me pone voz del señor Miyagi): «loca lompel, pero junco sel flexible, nunca lompel». Así que a lo mejor en la disciplina del cuerpo y de la mente está la clave de la felicidad.

---

23. Sé que agradecéis estas referencias tan útiles.

## El yoga y los neojipis

Para los que vamos de urbanitas cínicos y descreídos (al estilo de Matías, el personaje de Óscar Ladoire en la película de Fernando Trueba *Ópera prima*),[24] el yoga siempre ha sido una cosa un poco de neojipi y de gente que lo mismo un día se planta un poncho que unas botas camperas. En ciudad. En el cacao mental en el que uno ha crecido, el yoga era lo que practicaba ese vecino que en las noches veraniegas de lluvia de estrellas ponía música *new age* a toda leche y se pasaba la madrugada en el balcón mirando al cielo y fumando *cigarrillos de la risa* (hoy en día existen *hipsters* que recorren la misma senda y se creen modernos).

Para colmo George Harrison, de los Beatles, se había venido arriba con un instrumento, el sitar, que tocaba el músico indio Ravi Shankar. Y se llevó en 1968 al resto de los de Liverpool a la llamada «capital del yoga»: la ciudad de Rishikesh. Allí tenían un guía espiritual, Maharishi Mahesh Yogi. También a los Beach Boys les impartió sus cursos este yogui, creador de la técnica conocida como «meditación trascendental». Por aquel entonces, uno de los mejores violinistas clásicos de todos los tiempos, Yehudi Menuhin (que fue estadounidense, suizo y británico), ya era un alumno aventajado de otro yogui: Bellur Krishnamachar Sundararaja Iyengar.

---

24. Pe-li-cu-lón... (de 1980).

Si sois un poco *masoquillas*, escanead este código con vuestro móvil y veréis una actuación conjunta de Ravi Shankar y Yehudi Menuhin. Oriente y Occidente unidos por la música y el yoga. Telita.

Con esos dos arietes, los Beatles (para las clases populares) y Yehudi Menuhin (para las clases altas), el yoga consiguió arraigar para siempre en Occidente... Y nuestras ciudades empezaron a llenarse de cursos, escuelas y de carteles anunciando la visita de decenas de famosísimos yoguis. Pero antes de los Beatles y de Menuhin, ya hubo occidentales flipados con la sabiduría india. El filósofo alemán Arthur Schopenhauer fue quizá uno de los pioneros: «El conocimiento de la filosofía india ejercerá, creo yo, sobre los siglos venideros una influencia no menor que la que ejerció en el siglo xv el renacimiento de la literatura griega»,[25] escribió en 1818. Unos años antes, para ser exactos en 1802, había leído los *Upanishads*, que son los libros sagrados del hinduismo. Constituyen uno de los primeros registros escritos de las posturas del yoga. Nadie sabe muy bien de cuándo datan, pero parece que de varios siglos antes de Cristo.

25. Arthur Schopenhauer, *El mundo como voluntad y representación*, trad. Eduardo Ovejero y Maury, México D. F., Porrúa, 1983, prólogo a la 1.ª edición.

La admiración de Schopenhauer por el hinduismo —y también por el budismo— fue luego recogida por Nietzsche, Tolstói, Wagner, Borges, Wittgenstein... ¿Y sabéis quién más devoró los textos de Schopenhauer con devoción?: Swami Vivekananda, un monje hindú que en 1893 viajó por primera vez a Occidente y que en 1895 ya impartía clases gratis de yoga en Nueva York y publicaba libros (en inglés) sobre esta disciplina.

Pero, a todo esto, ¿qué es el yoga? ¿No hay *tropecientos* tipos de yoga?: *Raja yoga, ashtanga yoga, gñana yoga, karma yoga, hatha yoga, bhakti yoga, kriyá yoga, kundalini yoga, mimansa yoga, natha yoga, purna yoga, sajayá yoga, sarva yoga, swasthya yoga, hot yoga, bikram yoga, power yoga*... ¡y muchísimos más! De hecho, he encontrado una variedad llamada *black yoga* que consiste en hacer yoga con música *heavy metal* de fondo. Lo juro.

El yoga se puede definir de muchas maneras. Es una doctrina religiosa. Es una práctica o disciplina física, mental y espiritual que se encuentra en el hinduismo, el budismo, el jainismo... y en el gimnasio de al lado de casa.

Hay personas que sólo lo practican por el ejercicio físico. Hacen yoga como podrían hacer pilates. El pilates, por cierto, fue inventado durante la Primera Guerra Mundial por el alemán —de origen griego— Joseph Hubertus Pilates, quien incorporó elementos del yoga. Su objetivo era fortalecer el cuerpo (sobre todo la espalda), recuperar a lesionados y aliviar a artríticos... pero consiguió algo que también es común al yoga: en ambos casos, yoga y pilates, la clave está en que hay que concentrarse para hacer bien el ejercicio.

> Y claro, mientras uno está concentrado en tocarse bien la punta de los pies, por ejemplo, no está amargándose la vida pensando en otras cosas...

Concentrarse en el cuerpo y en la respiración se convierte en el medio para alcanzar un estado mental determinado. El yoga es una disciplina que —según los yoguis— nos lleva a un estado de *unión con el todo* en el que, lógicamente, no nos falta de nada... (de hecho la palabra «yoga» tiene algo que ver con «yugo: lo que une»). En el plano espiritual esa unión con el todo, ese estado de paz en el que el deseo —y por tanto el sufrimiento— ha sido suprimido se llama *nirvana*, que literalmente significa apagado (como una vela). ¿Será la felicidad no desear nada?

No quiero parecer un aguafiestas, pero no hace falta irse a la India para este viaje. En la tradición occidental existen prácticas y conceptos muy similares a los orientales. Ya he hablado de los ermitaños, y ahí están los místicos cristianos, las salmodias y las letanías (que pueden recordar a los mantras), el uso del incienso, de las velas y de las flores... Funcionalmente, no hay demasiada diferencia entre los monjes de cualquier religión.

En la tradición occidental tenemos el concepto de que «todo es uno», que data de tiempos de Plotino —un filósofo griego del siglo III después de Cristo— y que es recuperado por el Romanticismo y el Idealismo alemanes. También tenemos los conceptos de *ataraxia* y *apatheia*. El primero es común a las doctrinas filosóficas estoicas, epicúreas y escépticas. Significa «inmovilidad» o «inmutabilidad»: se trata de no *con-moverse*, no desear y, por lo tanto, alcanzar la serenidad... Suena oriental, ¿eh?

La *apatheia* es similar, en tanto que es una liberación de los impulsos y las necesidades. Para nosotros alguien apático es alguien chungo, pero los griegos lo tomaban en sentido positivo: la apatía es el blindaje contra el sufrimiento.

> Yo tengo mis dudas sobre que la felicidad sea no sufrir porque, personalmente, prefiero sufrir a no sentir absolutamente nada.

Así que, pese a que en nuestra tradición grecolatina y judeocristiana uno puede encontrar enseñanzas equivalentes a las orientales, lo que se ha puesto de moda es ignorar nuestra filosofía y lanzarnos a cualquier refrito anglosajón de la muy respetable sabiduría oriental. Pero eso sí: tengo que reconocer que decir que uno hace yoga farda mucho más que decir que uno lee filosofía estoica o que reza el rosario de madrugada (y no os digo ya si además de presumir en twitter e Instagram de vuestros avances con el yoga lo combináis con la publicación de vuestros logros en *running* y de algunas frases inspiradas, extraídas de una TED Conference...).

Pero si queréis partir la pana de verdad, lo último es presumir de *mindfulness*. ¿Queréis saber por qué es lo que más mola?: porque nos lo han vendido desde Estados Unidos y nos creemos que es algo nuevo y revolucionario. Está de moda porque somos unos paletos. El *mindfulness* es más viejo que la orilla del río, pero oye: hay que ganar pasta.

### ¿Y TÚ ME LO PREGUNTAS? *MINDFULNESS* ERES TÚ

Tres cositas voy a deciros, que ya sabéis de sobra: «Vive el momento; el que mucho abarca poco aprieta, y trabaja para vivir pero no vivas para trabajar». En estos tres lugares comunes, al menos en España, se basa esa nueva moda vital gracias a la que se están forrando miles de charlatanes.

Reconozco que voy a tomar el asunto desde la primera comunión, o sea, desde muy atrás, pero creo que hace falta para contextualizar esta fiebre del *mindfulness*. Vámonos a Estados Unidos, ese lugar que dicta qué es lo que *mola* y lo que *no mola*. Allí las élites son blancas, anglosajonas y protestantes. Para los protestantes (alemanes, holandeses, escandinavos y estadounidenses...) la prosperidad económica es sinónimo de salvación eterna. Ser rico es una prueba de que Dios te ama.[26] Si uno se hace rico trabajando, el trabajo se convierte en una religión. Si uno está todo el día pendiente del curro, de la bolsa, de reuniones, de cifras, de resultados, si además está enfrascado en luchas por el poder en la empresa, y si también tiene que estar en forma y presentable y ser un buen padre y una buena madre y ser ocurrente y sexy y estar informado de la última chorrada de internet... si uno tiene que hacer todo eso, sufre. O sea: no es feliz.

Basta con ser un españolito medio para decirle a cualquier ejecutivo agresivo estadounidense: «Vive el momento; el que mucho abarca poco aprieta, y trabaja para vivir pero no vivas para trabajar». Y acto seguido invitarlo a unas cañas y que se tranquilice.[27]

---

26. Esto no lo digo yo, sino el economista y sociólogo alemán Max Weber en *La ética protestante y el espíritu del capitalismo*, de 1905.
27. El llamado «movimiento slow», que se inició en Italia en 1999, pretende esto mismo: intentar reinstaurar supuestos valores de la cultura mediterránea en cuanto a la manera de vivir, frente al rigorismo y estrés que conllevaría el modo de vida anglosajón. En España existen seis «ciudades lentas», que proponen tomarse las cosas con otro ritmo. Si la idea os atrae, visitad esta página: www.cittaslow.es. (Por cierto, un año después de fundarse el movimiento slow, King África fundaría el movimiento sexy, con su canción «La bomba».)

Pues ahora resulta que algunos influyentes miembros de la élite estadounidense han descubierto que tomarse las cosas con calma es bueno para la salud. En el caso de Arianna Huffington fue un *redescubrimiento*, porque ella es de origen griego y contaba con el poderoso recuerdo de su madre, Elli, para volver a los orígenes de un modo de vida más sabio. En 2007 Arianna estaba construyendo el periódico digital *The Huffington Post*, fue portada de la revista *Time* y declarada una de las cien personas más influyentes del mundo. Trabajaba dieciocho horas al día. Sometida a muchísimo estrés y a falta de sueño, un día se desmayó y se partió un pómulo. Se despertó en un charco de sangre y decidió que su vida tenía que cambiar: que el concepto de éxito que estaba manejando hasta el momento era erróneo.

Arianna Huffington publicó en 2014 el libro *Thrive* (traducido en castellano como *La vida plena*, Madrid, Aguilar, 2015), y en él afirma lo siguiente: «A lo largo del tiempo la noción de éxito de nuestra sociedad se ha reducido a dinero y poder. De hecho, en este momento, éxito, dinero y poder se han vuelto prácticamente sinónimos en las mentes de muchos. [...] La cultura laboral occidental —exportada a muchas otras partes del mundo— se nutre prácticamente por el estrés, la privación del sueño y el agotamiento». El testimonio de Huffington en esas páginas y en decenas de artículos y entrevistas fue esencial para la popularización del *mindfulness*.

Menos competitividad, más calidad de vida, menos consumismo, más tiempo de ocio, de aprendizaje, de estar en familia y con uno mismo... La inmensa mayoría de nosotros percibimos esto como valores evidentes, pero en estos tiempos de crisis[28] en los que los directivos de las grandes empresas (en España) y los gobernantes (en España) no dejan de jalear el recorte en derechos sociales —y por tanto en calidad de vida—, son valores que suenan peligrosamente *progres*...

Progre o no progre, ¿qué diantres es eso del *mindfulness*? La traducción literal sería «plenitud de mente», pero hay quien lo traduce —y no existe consenso con la traducción— como «consciencia plena», «conciencia plena» o «atención plena». Su origen se encuentra en técnicas de meditación budistas (la llamada meditación vipássana) y, en su forma actual, fue introducido en Occidente en los años setenta del siglo xx por el doctor estadounidense Jon Kabat-Zinn. Este médico empezó a aplicar un programa terapéutico denominado «reducción del estrés basada en la atención plena», en inglés: *Mindfulness-Based Stress Reduction*.

Básicamente es *parar el carro* y dedicar todos los días un rato a concentrarse en uno mismo en el momento presente: sensaciones físicas y mentales, pero sin pensar en el pasado ni en el futuro (dos grandes fuentes de estrés).

---

28. En realidad siempre estamos en crisis, que lo sepáis.

Constantemente surgen estudios científicos (y Arianna Huffington cita unos cuantos) que hablan de los beneficios terapéuticos del *mindfulness*...

Está muy de moda, y muchos líderes y empleados de grandes multinacionales anglosajonas se están aficionando a él (de hecho algunas empresas *chachiguays* —de esas que tienen máquinas de *pinball* en el recibidor— se lo ofrecen gratis a sus empleados). La fiebre del *mindfulness* es tal que ya se aplica a casi todo. Hay *mindfulness* para la cocina, los niños, mejorar la vida sexual, perder peso...

Pero, claro, no deja de llamar la atención —y perdonadme la perogrullada— que toda esta sabiduría oriental provenga de Oriente... justamente la región del mundo donde los derechos sociales son mínimos y donde el ultracapitalismo campa a sus anchas. La pregunta es inevitable:

> ¿Estas técnicas sirven para llegar a la felicidad o más bien sirven para soportar y sobrevivir en unas condiciones de competitividad salvajes?

Además, el éxito del *mindfulness* entre los emprendedores, los CEO,[29] las *celebrities* y los ejecutivos agresivos

---

29. La denominación «CEO» es un acrónimo del inglés «chief executive officer», que en castellano viene a ser consejero delegado o director gerente; pero en España la gente que *mola* dice «CEO» no sé muy bien por

de Estados Unidos tiene otra explicación: la felicidad de los empleados es económicamente rentable para la empresa. Veamos cómo lo cuenta en su blog Arianna Huffington: «La felicidad y la productividad no sólo están relacionados, sino que son prácticamente indistinguibles. Según el iOpener Institute, en una empresa con mil empleados aumentar la felicidad en el lugar de trabajo reduce un 46 % el coste de rotación del personal, un 19 % el coste en bajas por enfermedad e incrementa un 12 % el rendimiento y la productividad».[30]

Sí, queridos lectores: costes, rendimientos y porcentajes mezclados con Buda, ¿qué os parece? Además, ¿cómo es eso de *aumentar la felicidad en el lugar de trabajo*? ¿No querrá decir más bien *la comodidad*? Pienso en las jornadas de ocho horas, las vacaciones pagadas, el seguro médico... ¿Todas esas conquistas sociales —hoy amenazadas— son *aumentar la felicidad* o simplemente son ofrecer unas condiciones de trabajo dignas a los empleados?

---

qué. La típica frase de la gente que *mola* sería: «El CEO de Guachipei [nombre de empresa figurada] es un *crack* del *running*, además tiene mucho *mindfulness* y hace unas ensaladas de quinoa geniales: lo conocí en una TED Talk de *coaching*».

30. Arianna Huffington, *Mindfulness, Meditation, Wellness and Their Connection to Corporate America's Bottom Line* (Mindfulness, meditación, bienestar y su conexión con el fundamento de la América empresarial), publicado en www.huffingtonpost.com el 18 de marzo de 2013.

La popularidad del *mindfulness*, como la del *running* y la de otras muchas actividades de las que vengo hablando en este libro, se basa en buena medida en que nos gusta imitar a los poderosos y a los famosos, para sentirnos como ellos. Seguro que no es vuestro caso, pero un chaval (o chavala) que haya montado una *startup* en España es probable que quiera imitar a los grandes y se lance a todo esto en plancha. Sospecho que es una manera de intentar repetir el éxito empresarial de los grandes por la vía de imitar su estilo de vida.

Además hay que tener en cuenta una segunda derivada. Hasta ahora, en el mundo de la empresa, en general, el humanismo no ha sido demasiado valorado. Uno no asocia al ejecutivo agresivo de traje y corbata con alguien *profundo*, *cultivado* y *sensible*. Sin embargo, la irrupción de nuevos modelos de empresa, donde lo que se valora es la espontaneidad, la creatividad y la colaboración antes que la competición, han hecho deseables esos CEO y esos ejecutivos *ilustrados*, con un *je ne sais quoi*... Tener nociones de filosofía, practicar la meditación, leer textos profundos y ser capaz de pensar fuera de lo preestablecido —incluso ser un poco *bohemios*— son cualidades que ahora empiezan a ser percibidas como ventajas competitivas. Por eso, los nuevos emprendedores se lanzan con voracidad a todo lo que suene a *profundez*, valores, cultura, pensamiento, reflexión.

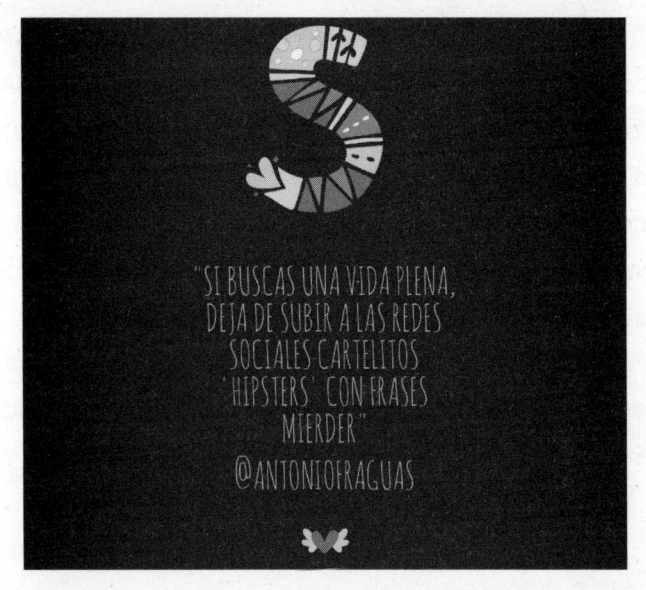

"SI BUSCAS UNA VIDA PLENA, DEJA DE SUBIR A LAS REDES SOCIALES CARTELITOS 'HIPSTERS' CON FRASES MIERDER"
@ANTONIOFRAGUAS

Un clásico de nuestros días: el triunfo en las redes sociales de frases «sabias» formadas con letras «modernas» (profundidad instantánea, la ración diaria de pensamiento de usar y tirar).

Es sorprendente la cantidad de titulados en prestigiosos MBA que ahora deciden leer (e incluso escribir) libros sobre valores, creatividad, crecimiento personal... Y es genial (siempre que citen las fuentes y que no pretendan hacernos pasar por suyos hallazgos que no lo son: Europa lleva milenios pensando en cómo vivir mejor).

No seré yo el que critique la meditación: al contrario. Siempre es bueno pararse a respirar y poner en perspectiva nuestra situación. De hecho, una de las formas de la meditación *vipássana* se realiza caminando. Siempre he pensado que pasear es la mejor manera de pensar y... de crear.

Y ahora, para finalizar este fastuoso capítulo, retomo la idea de Arianna Huffington de la meditación y la productividad, pero no me interesa la productividad *empresarial*, sino la *personal*. Se trata de ser productivos, pero no para una gran empresa ni para vender lo que uno hace. Porque cada vez más personas se vuelcan en aficiones manuales: costura, alfarería, *origami*... El mundo del DIY (*Do It Yourself* o hazlo tú mismo) es otra de las tendencias de los últimos años. ¿Acaso puede hallarse la felicidad en algo tan simple como crear cosas con las manos?

# 8

## Hacer cosas con estas manitas
## (¿Se puede «fabricar» la felicidad?)

*Two hands*
*What you're supposed to do with two hands*
*To get the life of the richest of man.*

The Ting Tings, «Hands»,
del álbum *Sounds from Nowheresville*
(Deluxe edition, 2012)

Las personas creativas y creadoras conocen bien un estado similar al nirvana; un estado en el que uno no necesita nada ni siente nada: ni hambre, ni sueño... Generalmente es la vejiga reventando lo único que puede fastidiar esa sensación inigualable que se produce durante el acto creativo. Nada que no pueda solucionar una buena sonda urinaria. Artistas, escritores, músicos, artesanos... según el cliché, el genio creador se encierra en su estudio, su taller, su cuarto o su mente y se engolfa en su Obra.[31] El mundo entonces desaparece. En este momento, por ejemplo, suena a mi lado un teléfono fijo, y no voy a cogerlo porque estoy creando. También me hago un poco de pis, lo que me lleva a pensar que en breve tendré que dejar de crear mi Obra, salir de mi ensimismamiento creador e ir al baño. ¿No os lo creéis? ¡Mirad este vídeo!

---

31. Pongo «Obra», así en mayúscula, para darle más empaque... para otorgar a esa palabra una especie de halo sagrado, místico y ciertamente pequeñoburgués.

(Que nadie se asuste, que no salgo yo haciendo pipí...
¿o quizá sí?)

Se ha escrito muchísimo sobre qué es ser un genio, qué es el arte, qué es crear, qué es un original y qué una copia... Todas estas cuestiones son sin duda esenciales, pero de momento voy a centrarme sólo en una: ¿por qué el acto de crear nos puede llevar a algo que mucha gente llamaría *felicidad*? Ojo, ahora nos da igual si se trata de crear algo original (si es que eso es posible) o si simplemente se trata de *reproducir* una obra de arte o un objeto.

Quiero decir que esa sensación de *no necesitar nada* la experimentan igualmente tanto la artista británica Tracey Emin —cuando recrea su cama en un museo— como un señor cualquiera, Zutano López, pongamos, cuando está enfrascado haciendo un puzzle de la catedral de Zamora, de 5.000 piezas. Ambos, Tracey Emin y Zutano López, se enfrascan en su Obra y no quieren saber nada del mundo. Incluso si algo les duele o les preocupa pueden llegar a olvidarse de ese sufrimiento... Ahora tenéis que disculparme, porque necesito ir al baño.

> En efecto, estáis leyendo un libro en el que el autor os cuenta cuándo va al baño. Por cierto, quizá haga también *number two*.

Ya estoy aquí. Fijaos qué hábil salto en el tiempo: en octubre de 1998 el diario *El País* publicó una noticia breve que se me quedó grabada. Se titulaba así: «El "Guernica" de Barrionuevo y Vera». Contaba que el ex ministro del Interior, José Barrionuevo, y el ex secretario de Estado de Seguridad, Rafael Vera, estaban reproduciendo el cuadro de Picasso durante su reclusión en la cárcel de Guadalajara: «Los dos condenados por el caso Marey han cuadriculado una pared del patio de la prisión y se han esmerado en reproducir el grito de protesta contra el horror que inmortalizó Picasso». Reproduciendo una obra de arte, los dos reclusos se evadían —metafóricamente— de la cárcel, al igual que mucha otra gente se evade del sufrimiento.

En el ensayo *La tradición y el talento individual*, el poeta T. S. Eliot escribe: «Cuanto más perfecto es el artista, tanto más separados estarán, dentro de él, el hombre que sufre y la mente que crea. Y con mayor perfección la mente digerirá y transmutará las pasiones que constituyen su material». O sea que, en el momento de crear, tomamos distancia de las pasiones —el dolor y el sufrimiento, pero también la alegría y la euforia— y trabajamos sobre ellas, convirtiéndolas en algo distinto.

La mayoría no somos artistas (y no se trata ahora de ponernos a discutir qué es arte y qué no lo es), por eso vamos a centrarnos en algo que está al alcance de todos: las aficiones domésticas, el bricolaje y la artesanía. Basta mirar un poco a nuestro alrededor para darse cuenta de que algo está pasando. Un moderno diría que vivimos un *boom* del DIY (Do It Yourself) y de las *crafts*. Una persona normal —suponiendo que eso exista— más bien diría que vivimos una explosión del *hágalo usted mismo* y de las manualidades. Las dos personas dicen la misma cosa, pero si uno emplea jerga anglosajona se cree que mola más.

En Barcelona, todos los años se celebra una feria de manualidades bautizada como Handmade Festival y allí, según los mismos organizadores cuentan en su página web, uno puede aprender «papel, hilo, cooking, brico, deco, garden y handmade weddings». También hay un encuentro de encaje de bolillos y una exposición de *custom furniture* —sea eso lo que sea—. Además, este 2015 es el año dedicado a Japón, y lo anuncian así: «El Festival ofrecerá una experiencia DIY made in Japón». Es difícil de entender qué es lo que, exactamente, les pasa en la boca.

De nuevo nos encontramos ante el caso de que, tras darle una pátina anglosajona (que no es sino un truco de mercadotecnia), nos venden algo que ya hacían nuestras abuelas como si fuera el *no va más* de la modernidad. Pero el hecho es que en las calles de las grandes ciudades proliferan tiendas y eventos con talleres para aprender todo tipo de labores: costura, *amigurumi*, *fofuchas* (si no sabéis lo que son, casi mejor que lo busquéis en Google, porque para mí es algo inefable). También enseñan oficios olvidados como la calderería, el cuero artesano, la encuadernación... Y por supuesto en internet existen publicaciones especializadas y vídeos en los que explican paso a paso miles de técnicas y habilidades (yo, una vez, recurrí a un vídeo —tutorial, los llaman— de bricolaje y casi arreglo una persiana, ojito).

### Joan y la máquina de salchichas

¿Os imagináis que vuestro trabajo consistiera en darle más de 3.500 veces al día a la manivela de una máquina de anudar salchichas? A eso se dedicaba Joan Rovira: una actividad alienante, mecánica, sin creatividad alguna. Su caso nos sirve para darnos cuenta de que no es lo mismo *producir* que *crear*.

Joan ahora se expresa en sus juegos, que siempre tienen una idea detrás, una filosofía. Son realmente obras de arte, aunque él no se considere artista. Todas las semanas visita un punto limpio lleno de chatarra y selecciona piezas. Donde nosotros vemos tendederos rotos, rejas oxidadas y bicis desvencijadas, él ve *máquinas para saber la edad de un niño* y mil cosas más: «De una bicicleta estática hacemos una grúa para ir a pescar. Una bicicleta vieja la convertimos en un pájaro único, que pone un huevo que hay que salvar, con unas pinzas antes de que llegue a tierra. De un puñado de ruedas viejas hacemos un laberinto y de otro una noria».

Joan empieza a crear incluso *antes* de ponerse manos a la obra: basta con que anticipe qué puede encontrar en el punto limpio de reciclaje. En ese momento ya está viendo un mundo nuevo (de alguna manera está contemplando el futuro porque está proyectando, y proyectar quiere decir, etimológicamente, «lanzar hacia delante»). Va a traer al mundo algo que antes no existía, y eso que va a traer al mundo llevará su sello personal, su impronta. En cierta forma crear es proyectar nuestra forma de ser en el mundo real.[32] Y esto es bastante distinto del estado que alcanza el monje meditando, porque se supone que en la meditación no pensamos ni en el pasado ni en el futuro.

---

Cuando creamos algo, sea original o no, parte de nuestro carácter y de nuestra manera de ser se traslada al objeto creado.

---

Ésa es una de las claves por las que crear cosas nos da satisfacción. Ojo, que cuando digo que ponemos *algo*

---

32. Repito que no me hagáis mucho caso con lo de *mundo real*... en este capítulo veréis el porqué.

*nuestro* en la creación no hablo necesariamente de algo material: puede ser nuestro esmero, puede ser una intención, puede ser una característica que pase desapercibida al resto de las personas pero que nosotros sabemos que está ahí.

No me parece casual que estas aficiones se realicen en lo que se denominan «momentos de esparcimiento», porque de hecho es así: al crear algo *nos esparcimos*, esparcimos nuestra forma de ser (de la misma manera que muchas plantas y hongos se reproducen esparciendo esporas, nosotros también nos reproducimos por esparcimiento). Algo nuestro quedará tras nosotros gracias a la creación —aunque sólo quede un recuerdo, porque los recuerdos también se crean—, y eso nos produce satisfacción.

Por supuesto el sexo es, con independencia de si tiene fines reproductivos o no, el gran momento de *esparcimiento*. Pero también podemos arreglar la cisterna del vecino y sentirnos reconocidos y *esparcidos* en esa reparación... Lo que nos reconforta es sentir que transformamos la realidad. ¿Qué me decís, por ejemplo, de la satisfacción y la paz mental que da ordenar la ropa del armario y apartar, para donarla o regalarla, la que no nos vamos a poner? Eso también es transformar el mundo porque, no sé si lo sabéis, otro mundo es posible.

## Eres un poquito punki

Y quizá no lo sabes. Pero si arreglas cacharros, coses, remiendas y reparas, eres punki. La popularización del hazlo tú mismo (el DIY) tiene su explicación en el surgimiento de movimientos alternativos. Y no es casualidad que hoy en día, en el contexto de crisis económica y social, viva un resurgimiento. Al igual que vimos con el caso de los veganos, y otras personas que obtenían satisfacción comiendo con conciencia, también hay gente que practica el activismo en el hecho de reutilizar, reparar e incluso intercambiar actividades (yo te arreglo la cisterna y tú me das clases de canto)... todo ello sin que medie el dinero en esos intercambios.

Para ello hay razones de sostenibilidad ambiental y, también, de desarrollo personal y colectivo. Además, se aboga por un esparcimiento, un tiempo de ocio, no mercantilizado (o sea: no necesariamente hay que pagar por divertirse). Son pequeños gestos transformadores que pueden generar bienestar individual y colectivo. Y esto se parece mucho a lo que debería ser la política de verdad, ¿no?

Concebir la propia vida —la individual y la colectiva— como una especie de *proyecto artístico* o artesano tiene mucho que ver con la política bien entendida y, por lo tanto, con la poesía. Sí, a priori puede parecer que no hay nada más alejado de un político que un poeta, pero ambos construyen, ambos crean. De hecho, la palabra poesía (que deriva del griego ποίησις) significa eso: fabricar, crear. Un poema es, literalmente, una creación, una construcción mediante palabras. El poeta es la sublimación del artista: su material de trabajo son las palabras. De palabras también están hechas las leyes, y esas leyes diseñan y construyen sociedades. Cambiando las leyes, cambian las sociedades: se transforman. Y eso hacen, o deberían limitarse a hacer, los políticos (y los ciudadanos con ellos).

También podrían hacer papiroflexia (u *origami*, si queremos decirlo en japonés, que es como los guays llaman a esta manualidad que data del siglo VI después de Cristo). Os parecerá que esta chapa que estoy dando con la poesía, la política y las palabras quizá tenga poco que ver con las manualidades... Poca gente sabe que el filósofo Miguel de Unamuno fue uno de los introductores de la papiroflexia en España. Él la llamaba, en broma, «cocotología» (del francés *cocotte*, pajarita de papel, y del griego *logos*, ciencia, razón). No me miréis así, yo también alucino con el hecho de que Unamuno fuera un pirado de la papiroflexia. Y además fijaos en cómo justifica, medio de guasa, la elección del nombre (y qué miga tiene lo que dice sobre qué significa «nombrar algo»):[33]

---

33. Miguel de Unamuno, «Apuntes para un tratado de cocotología», en *Amor y pedagogía*, Madrid, Espasa Calpe, col. Austral, 1994, p. 181.

Acaso fuera mejor llamar a nuestra ciencia papyrornithología (παπυρορνιθιολια), de las palabras griegas *papyros* (παπυρος) papel; *ornithion* (όρνιθιον) pajarita, y *logía*, pero le encuentro a este nombre graves inconvenientes [...]. Y no dudemos de la importancia del nombre, importancia tal que precisamente lo más grave de una idea u objeto es el nombre que hayamos de darle [...]. Sí, el nombre hace a la cosa y hasta la crea. ¿No nos dice acaso el versillo 3 del capítulo I del Génesis que «Dijo Dios: sea la luz, y la luz fue», creándola así con su palabra, y no fue lo primero la palabra, según el versillo primero del capítulo I del Evangelio según Juan, que nos dice que «en el principio fue la palabra»?

Así que cuando nombramos, de alguna manera, *creamos*... Y cuando miramos al mundo, en realidad, miramos conceptos, palabras.[34] Por eso yo tengo dificultad para hablar del mundo *real*. Nuestra realidad es una construcción lingüística, exactamente igual que un poema que construimos entre todos los que compartimos una lengua. Cuando alguien ve el mundo de manera

---

34. Ya se os habrá olvidado porque vivimos a toda pastilla y es difícil retener tanta información, pero en el primer capítulo decía: «Nos puede parecer algo marciano, pero vivimos inmersos en metáforas». Si lo pensáis, los grandes expertos en metáforas son... los poetas. El ser humano, al comenzar a articular el lenguaje y a emplear metáforas, empezó también, literalmente, a crear el mundo. Todo ser humano es poeta, porque todo ser humano construye su mundo con palabras. Sí, los científicos también.

distinta a nosotros, en realidad lo hace porque dota de un significado distinto a las mismas palabras. Cada uno de nosotros es, pues, un relato en el que las palabras tienen un significado.

> La cuestión ahora es saber qué significado le damos en nuestro relato a la palabra «felicidad». Pero, además del significado, debemos decidir en qué sentido emplearla, porque ése puede ser también el sentido de nuestra vida.

Nuestra gran *manualidad*, nuestra gran *obra de arte*, puede ser el relato de nuestra propia vida y, al igual que un escultor cincela una figura, nosotros podemos cincelar nuestra vida mediante decisiones. En ese momento nos convertimos en autores de nuestra propia existencia, y nuestra vida se convierte en un poema. Somos como queramos ser, como decidamos ser. En suma: podemos crearnos a nosotros mismos, *podemos inventarnos y reinventarnos*. Somos nuestro proyecto, nuestro quehacer que sólo acabará cuando muramos.

Y no os lo vais a creer, pero ahora voy a citar a Ortega y Gasset, porque él lo dijo antes y lo dijo mejor (y si en el cole nunca llegasteis a estudiarlo porque estabais al final del temario, quizá ahora os animéis a leerlo, aunque esto que os copio aquí está tomado de una grabación sonora):[35]

> La vida verdadera es inexorablemente invención. Tenemos que inventarnos nuestra propia existencia y a la vez este invento no puede ser caprichoso. El vocablo «inventar» recobra aquí su intención etimológica de «hallar». Tenemos que hallar, que descubrir la trayectoria necesaria de nuestra vida, que sólo entonces será la verdaderamente nuestra, y no de otro, o de nadie, como lo es la del frívolo.

Yo entiendo que haya a quien le dé pereza o le parezca muy complicado esto de *tener que decidirse* todo el tiempo, que *diseñarse* a uno mismo y tomar las riendas cada cual de su propia vida. Porque es difícil y requiere valentía. Además, a veces las circunstancias son duras y las decisiones, terribles. Pero aun en el contexto más hostil, uno siempre cuenta con cierto margen para decidirse, aunque sólo sea para adoptar una u otra actitud ante una situación.

De todas maneras entiendo (aunque no lo justifico) que haya quien prefiera dejarse llevar por una religión, una adicción, una evasión... Entiendo que haya quien, desesperado, perezoso —o simplemente frívolo,

---

35. Ortega y Gasset, *El quehacer del hombre*, Madrid, Centro de Estudios Históricos, Archivo de la Palabra, 1932.

como decía Ortega y Gasset—, prefiera ponerse en manos de otros: curanderos, *facilitadores*, chamanes, médiums...

El catálogo de supuestas *terapias*, cursillos, técnicas y remedios para supuestamente aliviar nuestra desgracia y llevarnos a la felicidad es larguísimo. Mis favoritos son la *loroterapia* y el *pising*. ¿No sabéis qué son? ¡Vosotros antes molabais!

# 9

Bueno, pero si a él le ayuda...

(Sugestión, autoengaño y el colmo: síndrome de Estocolmo)

*Can I have some remedy?*
*Remedy for me please.*
*Cause if I had some remedy*
*I'd take enough to please me.*

The Black Crowes, «Remedy»,
del álbum *The Southern Harmony
And Musical Companion* (1992)

*Loroterapia* (ponerse un loro en la cabeza). *Sofathlón* (prueba deportiva que consiste en pasarse el día tirado en el sofá). *Pising* (afición a visitar pisos en venta sin ninguna intención de comprarlos...). Todos estos *tratamientos* pueden pareceros inútiles y estúpidos. Para mí, que acabo de inventármelos, son tan inútiles y estúpidos como el reiki, la homeopatía, la sanación *reconectiva*, la *sanergía*, la *conciencia cuántica* y tantas otras decenas de patrañas pseudocientíficas que se venden y anuncian bajo las etiquetas de «alternativa», «natural», «cósmica», «universal», «espiritual», «holística», etcétera. Gracias a ellas, un hatajo de charlatanes se aprovecha de la desesperación, ignorancia y curiosidad (legítima, pero mal canalizada) de muchas personas a las que se les promete salud, bienestar y felicidad. Y el problema es que siempre habrá alguien que dirá: «Bueno, si al que lo hace le sirve de ayuda...». Reconozco que cuando oigo este tipo de justificaciones tengo que controlarme para no pegar una voz. No sé qué haría si tuviera a mano un remo (de esos que usan en las regatas de traineras). Qué no, hombre, ¡paz y amor...!

Estoy respirando hondo. Me altero porque muchas de estas prácticas son peligrosas, a veces directamente y otras indirectamente (porque hay personas que abandonan tratamientos médicos convencidas de que las *terapias* alternativas son más efectivas). Y me altero, también, porque miles de impostores, charlatanes y vendemotos viven de engañarnos, ¿y sabéis de quién es la culpa?: del chachachá... digo, no: de la energía.

> Buena parte de estas pseudoterapias sólo necesitan una cosa para embaucarnos. Sólo una: que creamos que existe una energía vital o corporal que se acumula, se bloquea, se transmite, transforma, modula, canaliza...

Es necesario que uno crea en esa *energía* para que esté dispuesto a pagar. Si somos infelices es porque no la canalizamos bien, o porque la tenemos bloqueada, o desequilibrada o yo qué sé (elegid el verbo que queráis).

Este tipo de *técnicas* identifican *bienestar* con *salud* y *felicidad* y, además, lo llevan a un plano *espiritual*. A cada nueva *terapia* o *técnica* le pueden dar una pátina oriental, o científico-médica, o jipi-ecológica, popular-ancestral e incluso político-humanista. Siempre hablarán de remedios *naturales* (repito, como si no hubiera sustancias naturales letales), y sus divulgadores se mostrarán, en un primer momento, afables y cercanos. Y siempre, en los primeros pasos, son técnicas *abiertas a todos*, *accesibles* y para las que no hace falta preparación previa... Os pongo un ejemplo. En mi barrio hay un «espacio de terapias integrativas» (WTF), en cuya fachada el otro día colgaba este letrero anunciando «sanación pránica».[36]

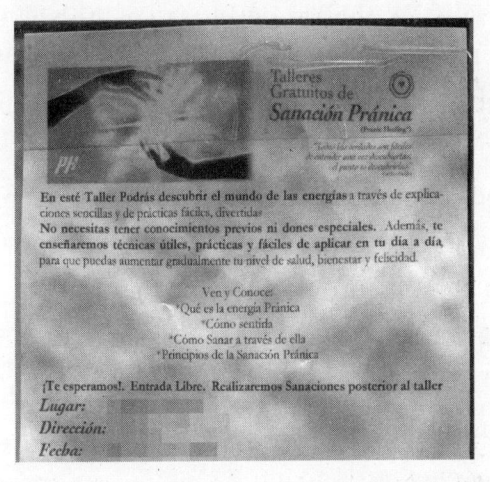

«En este taller podrás descubrir el mundo de las energías a través de explicaciones sencillas y de prácticas fáciles, divertidas. No necesitas tener conocimientos previos ni dones especiales. Además, te enseñaremos técnicas útiles, prácticas y fáciles de aplicar en tu día a día para que puedas aumentar gradualmente tu nivel de salud, bienestar y felicidad.»

¿Os imagináis la cara que pondrán si llego allí y les digo: «Miren, yo la única energía en la que creo es en la de

36. En el idioma sánscrito, *prana* significa «aire inspirado». Es un concepto del hinduismo y que se aplica en técnicas de yoga. Pero en Europa los pirados del ocultismo y del esoterismo llaman *prana* a una energía universal, invisible, inmedible y bla, bla, bla, bla...

la ciencia»? Porque en ciencia hay muchos tipos de energía: mecánica, electromagnética, calórica, eléctrica, térmica... Y todas pueden medirse (las unidades de medida son julios, calorías, frigorías, kilovatios/hora, etcétera, según el tipo de energía). Y todas tienen propiedades cuantificables.

Pero en el mundo del esoterismo, el ocultismo, el universo holístico y demás patrañas pseudocientíficas esa *energía vital* o *corporal* ni se mide ni tiene propiedades demostrables. No importa: se nos exige un acto de fe (y que saquemos la billetera, claro, aunque en muchos casos las sesiones iniciales de estas terapias se presentan como *gratuitas* y sólo se exige una donación *voluntaria*. Luego ya vendrá el momento de aflojar la pasta).

Es sorprendente la cantidad de personas que parecen sensatas y formadas y que sin embargo creen en *la energía* (¡y algunas de esas personas se declaran ateas!, ¡ateos que creen en *la energía*!).

Vamos a ver: el cuerpo humano, como todo organismo vivo, produce electricidad y un campo electromagnético. Además, podemos acumular electricidad (y cuando la liberamos damos calambre). Nuestros huesos y músculos también son maquinaria y están sometidos a presión y a la energía mecánica. Cuando un músculo se contrae o cuando chasqueamos los dedos también hay una acumulación y una liberación de energía. Pero siempre hablamos de energía física: medible.

Otro tipo de interacciones también pueden darnos la sensación de que estamos intercambiando *algo*. El deseo sexual, el amor y el apego, por ejemplo, que son desencadenados por hormonas. El simple calor por contacto o proximidad. Una alteración del ritmo cardíaco, sudoración, etcétera... Los charlatanes aprovecharán estas alteraciones químicas y físicas para intentar convencernos de que tenemos una energía corporal *de otro tipo*, un *campo de energía humana* (espiritual, mística, cósmica, metafísica...) que —claro, qué pena, oiga— no se puede medir: hay que creer en ella.[37]

Os pego aquí un párrafo de cómo se publicita una de estas *técnicas*. Voy a sustituir el nombre de la supuesta *terapia* por la palabra «PATRAÑA», luego os explico el porqué:

> Qué es la PATRAÑA y cómo funciona: es una filosofía curativa positivista [...]. Reúne elementos de la Conexión, Sintonización, Programación Neuro-Lingüística, Neuroplasticidad, Metafísica, Positivismo, Física Cuántica y Ley de la Atracción. Todo se puede curar y todo el mundo puede aprender. PATRAÑA es la energía generada por nuevas frecuencias que aparecieron en el Universo en el 1989. Desde entonces un gran número de personas desarrollaron

---

37. Si queréis saber más sobre el concepto de *energía*, os recomiendo encarecidamente que leáis un artículo de José Manuel Sánchez Ferrer que está en internet y se titula: «En torno a la génesis de la concepción pseudocientífica de energía». Revista *El Escéptico*, n.º 20, septiembre-diciembre de 2005. (Sociedad para el Avance del Pensamiento Crítico, www.escepticos.es).

una gran capacidad de sanar y canalizar información de una manera sorprendente. Su origen viene de la fusión de las palabras Sanación, Salud y Energía. PATRAÑA restablece la sintonía entre las líneas energéticas de nuestro cuerpo y la red energética del planeta y del Universo; [...] Al activarte las manos después de la primera sesión, te darás cuenta del potencial que tenías escondido ya que compartiré contigo mi vibración y la vibración de un mejor estado de salud. Cada tratamiento de PATRAÑA® te dejará en un estado de serenidad, relajación, equilibrio y descanso.

Ya está, os podéis secar las lágrimas de la risa (o de la pena). Más allá de que se empleen sin ningún criterio palabras como «positivismo», «metafísica» o «física cuántica», no hay que ser muy lince para darse cuenta de lo sospechoso que es que PATRAÑA lo cure «todo» y nos deje en un estado de «serenidad, relajación, equilibrio y descanso». ¿Y eso de «activar las manos» para compartir la «vibración»? Veamos...

En 1998, *Journal of the American Medical Association* (JAMA, la revista de la Asociación Médica de Estados Unidos) publicó el artículo, titulado «A Close Look at Therapeutic Touch» (Una mirada cercana al toque terapéutico), que demuestra que todos los métodos basados en la *imposición de manos* o *toque terapéutico* (reiki, vudú, sanergía y demás patrañas) carecen de base científica al no existir nada que se pueda llamar «campo de energía humana».

Lo mejor es que el artículo científico —demoledor— se basa en un experimento que realizó para el colegio una niña de once años: Emily Rosa. Ninguna otra persona tan joven ha conseguido publicar en una revista científica. Emiliy colocó un gran cartón que la separaba del *sanador*. En el cartón hizo dos agujeros, uno para cada mano del *sanador*. Éste no podía ver a la niña, pero podía poner sus manos cerca de las de ella. Aleatoriamente (lanzando una moneda al aire) la investigadora Emily acercaba una de sus manos a una de las manos del sanador —sin que éste pudiera ver cuál era— y le pedía que dijera en qué mano *notaba la energía*. Fueron sometidos a este experimento veintiún profesionales sanitarios en un total de 280 pruebas. Sólo acertaron la mano correcta en el 44 % de los intentos. Si de verdad existiera algo parecido a una *energía humana*, ¿no deberían haberla detectado los sanitarios en muchas más ocasiones?

La conclusión del texto no deja lugar a dudas: «Veintiún sanitarios con experiencia en TT (toque terapéutico) fueron incapaces de detectar el *campo de energía* del investigador. Su fracaso para sustanciar la premisa más fundamental del TT supone una prueba irrebatida de que los presupuestos del TT carecen de fundamento y que está injustificado el continuar su uso de forma profesional».[38]

38. Emily Rosa *et al.*, «A Close Look at Therapeutic Touch», *Journal of the American Medical Association (JAMA)*, vol. 279, n.º 13, Chicago, 1998.

Escanea el código y verás un vídeo del canal ABC (en inglés), sobre el experimento de Emily Rosa.

Fijaos hasta dónde llega el poder de persuasión de los embaucadores que incluso médicos y enfermeras en hospitales practican en el reiki, el toque terapéutico y la homepatía: las tres son actividades cuyos cuestionables beneficios para la salud se deben pura y simplemente al efecto placebo.[39]

¡Esto es el colmo!

Antes he dicho que iba a sustituir el nombre de una supuesta *terapia* por el de PATRAÑA y ahora os voy a explicar por qué. Los embaucadores no sólo despliegan una enorme actividad a la hora de atraer presas, también lo hacen a la hora de perseguir a quienes les critican. Lo más llamativo es que no sólo los *facilitadores*, gurús, líderes y

---

39. En el caso de la homeopatía, puedes leer (en inglés) una investigación que demuestra la nula capacidad terapéutica de los métodos homeopáticos. Fue publicada en la prestigiosa revista científica *The Lancet* en 2005 y se titula: «Are the Clinical Effects of Homoeopathy Placebo Effects?»

*sanadores* persiguen a quienes les critican, también muchos de sus seguidores, atrapados en las redes del engaño, caen un genuino síndrome de Estocolmo (ya sabéis, eso que les pasa a algunos rehenes, que acaban defendiendo al secuestrador).

Ya sea por autosugestión o por efecto placebo, existe gente enferma, deprimida o con la autoestima baja que sólo encuentra consuelo en estas *terapias* pseudocientíficas y leyendo su propaganda. Y no soportan que nadie ponga en cuestión su única (y última) esperanza. En España se publican varias revistas gratuitas, con buen papel y a todo color (y que cuentan con publicidad institucional) en las que se divulgan estas pseudoterapias. El problema es que se mezclan actividades inocuas (meditación, yoga, veganismo, comercio justo, festivales de música Bollywood, etcétera) con otras prácticas que pueden desembocar en la estafa económica, el abandono de tratamientos médicos y en la captación por parte de sectas destructivas.

Decenas de cursillos de estas técnicas se imparten a diario en nuestras ciudades, incluso en las instalaciones de centros médicos y gabinetes psicológicos. Esos cursillos copian los formatos de las charlas de emprendedores y académicos, también el léxico científico y empresarial: se habla de *coaching*, de *keynotes*, de *slides*... Organizan congresos y simposios, publican libros, montan academias...

Tengo delante la publicidad de unos seminarios en Madrid que cuestan 300 euros (por adelantado) o 395 euros (hasta dos días antes del evento). Además, los gurús suelen construir un sistema *de aprendizaje* y emiten diplomas para extender su influencia mediante *terapeutas titulados*. Se trata de reproducir las estructuras y el modo de trabajo de instituciones académicas, empresariales, sanitarias y científicas solventes para tratar de engañar a los incautos.

Este mundo suele englobarse bajo el apelativo de «alternativo», se presenta a sí mismo como «la alternativa» cuando los métodos habituales (médicos, científicos, etcétera) fracasan. Lo que proponen es que, si no eres feliz con la vida que llevas, busques un método *alternativo*. Y cuando alguien critica a esos gurús, suelen acusarlo de estar a las órdenes o al servicio de algún poder establecido, de cualquier lobby o grupo de presión. Otra opción es que te acusen de formar parte de alguna conspiración internacional, o que te envíen cartas al correo electrónico amenazándote con acciones legales. A mí me ha pasado.

La pena es que decenas de individuos con un deseo legítimo de aprender, con una curiosidad y una motivación valiosísimas van a despistarse en estas sendas del esoterismo y la pseudociencia. En muchos casos se trata de gente sin la formación académica necesaria (sin conocimientos de humanidades, de filosofía, de historia de las religiones, de historia de la ciencia...).

¿Cuántas personas con una voluntad genuina de conocerse a sí mismas, de crecer como personas y de abrirse al mundo van a caer en las redes de curanderos? Decenas de miles... y una de esas personas podría ser Agapito (nombre figurado).

A Agapito le encantan los libros llenos de frases inspiradoras y ha leído decenas de métodos para ser feliz. Además, aunque en su vida nunca ha hecho deporte, lleva unos meses haciendo *running* porque su jefe se ha aficionado y sus compañeros del curro también. Se ha apuntado a pilates, para las contracturas de la espalda, porque tiene tensión acumulada. Agapito se ceba a quinoa y a leche de avena, ¡hay que comer sano!; pero, ojo, ¡también hay que alimentar la mente!: por eso no se pierde ninguna Ted Talk de emprendedores y creatividad (las ve por internet). Para compensar tanta estimulación mental, va a sesiones de reiki, que es una cosa profunda y milenaria que le relaja mucho. Y, cada dos semanas, Agapito recibe clases de una *coach* en crecimiento personal, que le motiva para mejorar en su trabajo. Cuando puede, algún fin de semana, Agapito se va a una casa rural a meditar en contacto con la naturaleza. En lo que avanza menos es en la reproducción de la catedral de Zamora que está haciendo con mondadientes, pero poco a poco: ¡le está quedando genial!

En realidad lo que más le gustaría a Agapito es ser feliz, pero, claro, con tanta actividad como hay que hacer, ¿quién tiene tiempo para ser feliz? Agapito incluso ha empezado a dudar de todo y ha llegado a preguntarse algo que le inquieta muchísimo: ¿existe la felicidad?

La Ecuación de la Felicidad
(Un epílogo erótico-festivo)

*The end of laughter and soft lies*
*The end of nights we tried to die.*

The Doors, «The End»,
del álbum *The Doors* (1967)

¿Tienes un lápiz o un boli cerca? Genial. Colócalo en un vaso y aléjalo de ti. A medio metro o así. Ahora cierra un ojo y, sin abrirlo, intenta sacar el lápiz del vaso sujetándolo con dos dedos de una mano... ¿Te ha costado, aunque sólo sea un poquito, agarrar el lápiz a la primera? ¿Ha flaqueado un poco la precisión con la que tu mano ha llegado al lápiz? Enhorabuena: ahora ya sabes por qué no somos felices.

Tenemos dos ojos y cada uno ve una cosa diferente. Lo que llamamos «realidad» es la mezcla de esas dos imágenes distintas (el resultado de una visión estereoscópica). Si miras dentro de ti, hacia tu interior, te pasará lo mismo: verás dos realidades distintas. Verás lo que eres *ahora* y también verás *cómo te gustaría ser*. Entre esas dos realidades, verás un vacío. Somos de una manera y nos gustaría ser de otra. No sentimos de una manera y nos gustaría sentirnos de otra. Nos vemos de una manera y nos gustaría vernos de otra. Nos ven de una manera y nos gustaría que nos vieran de otra...

Lo sencillo es pensar que dentro de nosotros existen dos polos opuestos, que es lo que han hecho generalmente la religión y la filosofía. Pero no es tan sencillo. Mira cómo lo explica el filósofo Slavoj Žižek (y no pierdas de vista el ejemplo del ojo cerrado y de la visión estereoscópica): «Por lo tanto, la brecha primordial no es la oposición polar entre dos principios (masculino y femenino, luz y oscuridad, apertura y clausura, etc.), sino la brecha mínima entre un elemento y él mismo [...]».[40]

Quizá te suene raro, pero en Occidente pensamos así. Cada uno de nosotros, cada sujeto, está escindido en dos: somos a la vez lo que somos y el deseo de ser de otra manera. Hay una brecha dentro de ti, un vacío que te separa de ti mismo. Y te vas a pasar la vida intentando llenar ese vacío.

Es muy rara la persona que no quiera cambiar *nada* de su vida, que se considere *perfecta*. Dudo que seas de ese tipo de personas por dos motivos: primero, porque esas personas dan miedito; y, segundo, porque si lo fueras nunca habrías leído este libro.

El mundo occidental está diseñado para que nos sintamos frustrados. Uno siempre puede encontrar algo en lo que mejorar:

---

40. Slavoj Žižek, *Visión de paralaje*, trad. Marcos Mayer, Buenos Aires, Fondo de Cultura Económica, 2006, p. 58.

Deberías ser más culto.

Deberías vivir la vida y no pasarte el día leyendo.

Deberías ser menos exigente contigo mismo.

Deberías hacer más autocrítica.

Deberías llevar una vida más sana.

Deberías permitirte alguna alegría.

Deberías asumir tu responsabilidad.

Deberías perdonarte a ti mismo.

Deberías perder peso.

Deberías dejar de obsesionarte con tu físico.

Deberías ser más trabajador.

Sólo se vive una vez, deberías divertirte.

Deberías ahorrar.

El dinero está para gastarlo.

Deberías hacer algo para cambiar el mundo.

Deberías conocer tus limitaciones.

Deberías tener más seguridad en ti mismo.

Deberías ser más humilde.

Este tipo de mensajes contradictorios son los que nos lanzan a diario las jerarquías eclesiásticas, los gobernantes y la publicidad. Los tres buscan precisamente explotar esa distancia que hay entre lo que somos y lo que nos gustaría ser, tanto individual como colectivamente. Todos aspiramos a algo y, por eso, los clérigos, los gobernantes y los publicistas diseñan campañas con mensajes *aspiracionales*.

Nuestras sociedades están diseñadas para que creamos que, siguiendo ciertas convenciones y comprando ciertos productos o servicios, conseguiremos ser como queremos ser (más fuertes, más altos, más guapos, más triunfadores, más atractivos, más sanos, más queridos, más respetados, más admirados, más valorados...). Y claro, ocurre lo que tenía que ocurrir: que las convenciones sociales, los bienes de consumo y los servicios acaban adquiriendo *propiedades mágicas*, como los rituales y los fetiches en ciertas sociedades. Ese coche deportivo no es un coche, es la felicidad. Ese viaje es la felicidad. Tener una casa en propiedad es la felicidad. Si encima cosificamos a las mujeres, entonces *tener* una mujer es la felicidad. Formar una familia es la felicidad. Casarse es la felicidad. Acumular, acaparar, depender y que dependan de ti es la felicidad. Consume y haz lo que siempre se ha hecho: sé feliz. Es una orden.

El concepto de felicidad se erige así como el último gran producto de la sociedad de consumo. Es el *metaproducto*: para conseguirlo hay que acatar las convenciones y obtener otros productos. Uno quizá no quiera seguir las convenciones pero, incluso saliéndose de ellas (yéndose a meditar a la India, por ejemplo), lo hará con el fin de hacerse con el metaproducto: la felicidad.

Podemos escapar a cualquier convención social menos a una: consumir. Porque tanto consume el que compra una puerta como el que compra madera, un picaporte y unas bisagras para hacerse una puerta. Da igual si lo hacemos individual o colectivamente, si llenamos el depósito del coche o si nuestro país importa toneladas de petróleo. El caso es consumir: productos, recursos, medios, servicios, etcétera. Podemos consumir menos, intentarlo al menos, pero siempre consumiremos. No tenemos derecho a no consumir, ¿o sí? Lo tenemos, pero el que decide no consumir queda automáticamente desterrado de la sociedad.

El cineasta, escritor y poeta Pier Paolo Pasolini fue de los primeros en darse cuenta de esta dictadura: «Hay una ideología real e inconsciente que unifica a todos, y que es la ideología del consumo. Uno toma una posición ideológica fascista, otro adopta una posición ideológica antifascista, pero ambos, antes de sus ideologías, tienen un terreno común que es la ideología del consumismo. El consumismo es lo que considero el verdadero y el nuevo fascismo».[41]

---

41. Citado por Luis Racionero, *Filosofías del underground*, Barcelona, Anagrama, 1977.

## Por listo, te has quedado sin paraíso

En el gran relato occidental, la Biblia, Dios crea realmente al ser humano cuando echa a Adán y Eva del Paraíso. Digo que *crea al ser humano* porque es entonces cuando crea aquello que más nos define: el deseo consciente. En el Paraíso, Adán y Eva no necesitaban nada, no deseaban nada. Vivían en el nirvana, en la ataraxia y en la apatía perfectas. Estaban en la misma situación que estábamos tú y yo antes de haber nacido.

En el Paraíso, en ese lugar utópico (¡toma ya oxímoron!), en esa metáfora de la felicidad que es el Jardín del Edén, Adán y Eva estaban... muertos. Sólo comienzan a vivir cuando, al ser expulsados, empiezan a desear conscientemente algo: no ser vistos desnudos, conseguir comida, procrear...

Y digo que Adán y Eva en el Paraíso estaban como muertos porque la muerte es, para muchos pensadores, la puerta a la felicidad, a la liberación, a la plenitud (y la vida es un *valle de lágrimas* y los hombres somos ríos que van a dar al mar de la muerte, que es Dios...). Cuando morimos se cancela la distancia, la brecha entre lo que somos y lo que nos gustaría ser. Nuestra *defunción* es nuestra *definición*. Muertos, ya no podemos tomar decisiones ni decidirnos a nosotros mismos. El quehacer que es nuestra vida queda cancelado: la obra de arte que somos cada uno de nosotros por fin se culmina, nos realizamos, alcanzamos la plenitud. En el momento en que morimos dejamos de tener existencia y, sólo entonces, tenemos una esencia. Sólo cuando Fulanito, Menganito y Zutanito mueren entonces alguien puede decir: «Fulanito nunca fue un asesino», o «Menganito me amó para siempre», o «Zutanito fue colchonero».

Casi nadie quiere morirse, pero si suprimes la palabra «muerte» y preguntas, a la mayoría de la gente le encantaría llegar a un estado en el que no necesite nada, un estado en el que no se sufre porque no se desea nada. Por eso han triunfado durante siglos las religiones soteriológicas (las que prometen la salvación, que no es otra cosa que ese estado de beatitud en el que no existe la necesidad). Por eso, también, tienen tanto tirón los que proponen utopías y, por eso, además, tiene tanto tirón la sociedad de consumo: nos invita a que intentemos construirnos el Paraíso aquí, en vida. La ausencia de necesidad se identifica con prosperidad y crecimiento económico. Existe pues una *economía del deseo* y vías distintas para intentar llegar a la *plenitud*, a la *sociedad sin clases*, a la *libertad, igualdad y fraternidad*... en resumen: a un determinado concepto de felicidad.

## Esto es sólo un libro

Y en él no vas a hallar esa felicidad que es un metaproducto de la ideología que aglutina a la religión judeocristiana, a la derecha y a la izquierda tradicionales: la ideología del consumo.

Comprar nos seda durante un tiempo, pero cuando se acaban los efectos del chute consumista volvemos a sentirnos frustrados y ponemos otra vez los ojos en un nuevo objeto de deseo. Es un círculo vicioso que hay que romper. Ante el consumismo, y ante su incapacidad para llenar nuestra brecha original entre lo que somos y lo que nos gustaría ser (como individuos y como sociedad), sólo cabe echar mano de la Ecuación de la Felicidad. Ya la conoces, porque la escribí en el preámbulo: Felicidad = Fertilidad + Felación. Etimológicamente las tres palabras están relacionadas.

En cuanto a la *fertilidad*, la entiendo como el gran antídoto contra el consumismo. No me refiero a la fertilidad en el sentido de tener *churumbeles* (que también), sino en el sentido de fertilidad de ideas y de proyectos. Ser fértiles es dar lugar a que nazcan nuevas realidades: libros, cuadros, poemas, plantas, canciones, hogares, amistades... En vez de limitarnos a ser consumidores nos convertimos en *prosumidores*: o sea, consumidores que también producen y que, en algunos casos, subvierten el orden del consumismo. El palabro «prosumidor», por cierto, lo acuñó el escritor estadounidense Alvin Toffler en 1980.

Debemos convertirnos en *prosumidores de felicidad* frente a los que quieren imponernos una felicidad-*pro*-

*ducto*. Ante ellos, el acto de rebeldía más radical es producir nuestra propia felicidad. Igual que uno puede hornear en casa su propio pan, uno puede crear su propia felicidad. Para ello es necesario emprender la aventura de conocerse a uno mismo, de *decidirse* día a día, de cincelarse como se cincela una escultura. Y uno se decide a sí mismo, se conoce y se reconoce, interactuando en el mundo real[42] y con los demás; construyendo relaciones interpersonales, *creando sociedad* y pasando de lo personal a lo individual, de lo individual a lo colectivo y de lo colectivo a lo planetario.

> Como ciudadanos, colectivamente, también podemos decidir qué felicidad es la que queremos construir, sin que nadie nos la imponga.

En cuanto a la *felación*... Sé que es una palabra controvertida. Y ya dije en el preámbulo que la empleo en el sentido de *bienestar físico subjetivo*. Los placeres de los sentidos son esenciales para la idea de felicidad: dormir, comer, acariciar, follar, contemplar, masajear, escuchar, oler, tocar, rascar, lamer, saciar... Nietzsche se puso muy estupendo en el *Anticristo*, pero es una cita que me aluci-

---

[42]. Aunque yo no tenga muy claro qué es eso del *mundo real*, ya he dicho que quizá el *mundo real* no sea más que una colosal construcción poética de metáforas...

na: «Todo desprecio de la vida sexual, toda impurificación de la misma con el concepto de "impuro" es el auténtico pecado contra el espíritu santo de la vida».[43]

Ya hemos visto que la felicidad-*producto* prefabricada es, por definición, inalcanzable —porque así lo han decidido los interesados que la han creado— y, además, creo yo, es indeseable. Pero es que la felicidad propia, creada por uno mismo, también es inalcanzable.

Por eso adquiere un tinte épico el hecho de seguir construyéndola aun a sabiendas de que nunca vamos a ver culminada nuestra obra: o sea, que nosotros nunca experimentaremos *plenamente* nuestra propia felicidad (aunque ésta sí impregnará, y dará ejemplo, a los que dejemos aquí). No la experimentaremos plenamente, pero sí podremos estar muy cerca de ella. Cada vez más. Casi tocarla con la punta de los dedos. El mérito y la grandeza moral están en no dejar de intentarlo, aun sabiendo que es imposible.

El escritor uruguayo Eduardo Galeano, que falleció mientras escribía este libro, siempre citaba una frase del cineasta argentino Fernando Birri. Era una frase sobre la utopía y, a fin de cuentas, la felicidad es la gran utopía de la Humanidad. La cuestión es: ¿para qué sirven la utopía y la felicidad, si son inalcanzables? La respuesta de Ga-

---

[43]. Friedrich Nietzsche, *El Anticristo*, trad. Andrés Sánchez Pascual, Madrid, Alianza Editorial, 1976, p. 112.

leano y Birri es elocuente: «La utopía está en el horizonte. Camino dos pasos, ella se aleja dos pasos. Camino diez pasos y el horizonte se corre diez pasos más allá. Por mucho que camine nunca la alcanzaré. Entonces ¿para qué sirve la utopía? Para eso, sirve para caminar».

Ahora podemos preguntarnos: ¿existe la felicidad? Y ya estamos en disposición de responder: «Sí, pero sólo existe la felicidad que tú decidas empezar a construirte». Y uno puede objetar: «Pero, si nunca veremos culminada plenamente nuestra obra, ¿para qué sirve entonces la felicidad?». La respuesta deberás hallarla tú mismo cuando vayas acercándote a Ítaca.

En este momento de mi viaje, creo que mi felicidad es una utopía que me sirve para seguir viviendo.

Cada latido del corazón no es más que una cuenta atrás.

# Bibliografía

Aristóteles, *Ética eudemia*, Madrid, Alianza, 2009.
Augé, M., *Los no lugares. Espacios del anonimato. Una antropología de la sobremodernidad*, Barcelona, Gedisa, 1993.
Eliot, T. S., *Lo clásico y el talento individual*, UNAM, 2004.
Epicteto, *Enquiridión*, Barcelona, Anthropos, 2004.
Ferrater Mora, J., *Diccionario de filosofía*, Barcelona, Ariel, 1994.
Fray Luis de León, *Obras propias y traducciones*, Universidad de Salamanca / Barcelona, Plaza & Janés, 1992.
Hölderlin, F., *Gedichte*, Berlín, Holzinger Ausgabe, 2013.
Homero, *Odisea*, Madrid, Gredos, 1982.
Huffington, A., *La vida plena*, Barcelona, Aguilar, 2015.
Jornet, K., *Correr o morir*, Barcelona, Now Books, 2011.
Kavafis, K., *Poesías completas*, Madrid, Hiperión, 1976.
Lakoff, G. y Johnson, M., *Metáforas de la vida cotidiana*, Madrid, Cátedra, 1986.
Maistre, Xavier de, *Viaje alrededor de mi habitación*, Madrid, Funambulista, 2007.

Montaigne, *Ensayos*, Barcelona, Altaya, 1997.

Nietzsche, F., *El Anticristo*, Madrid, Alianza, 1976.

—, *Sobre verdad y mentira en sentido extramoral*, Madrid, Tecnos, 1990.

Ortega y Gasset, J., *El quehacer del hombre*, Madrid, Centro de Estudios Históricos, Archivo de la Palabra, 1932.

Pessoa, F., *Libro del desasosiego*, Barcelona, Seix Barral, 1997.

Protágoras y Gorgias, *Fragmentos y testimonios*, Barcelona, Orbis, 1984.

Racionero, L., *Filosofías del underground*, Barcelona, Anagrama, 1977.

Rosa, Emily et al., «A Close Look at Therapeutic Touch», *Journal of the American Medical Association* (JAMA), vol. 279, n.º 13, Chicago, 1998.

Russell, B., *Historia de la filosofía*, Barcelona, RBA, 2009.

Sánchez Ferrer, J. M., «En torno a la génesis de la concepción pseudocientífica de energía», *El Escéptico*, n.º 20, septiembre-diciembre de 2005 (Sociedad para el Avance del Pensamiento Crítico).

Santayana, G., «Filosofía del viaje», *Revista de Occidente*, año II 2.ª época, diciembre de 1964.

Schopenhauer, A., *El mundo como voluntad y representación*, México D. F., Porrúa, 1983.

Thoreau, H. D., *Caminar*, Madrid, Ardora, 2010.

—, *Walden*, Madrid, Cátedra, 2007.

Toffler, A., *La tercera ola*, Barcelona, Orbis, 1985.

Unamuno, M., *Amor y pedagogía*, Madrid, Espasa Calpe, col. Austral, 1994.

Voltaire, *Diccionario filosófico*, Madrid, Tántalo, 1984.

VV. AA., *Cabañas para pensar*, Madrid, Fundación Luis Seoane/ Maia Ediciones, 2011.

Weber, M., *La ética protestante y el espíritu del capitalismo*, Barcelona, Península, 1995.

Žižek, S., *Visión de paralaje*, Buenos Aires, Fondo de Cultura Económica, 2006.

SP
158.1 F811
Fraguas, Toño,
¿Existe la felicidad? :del
Floating Collection WLMF
06/17